JN418632

한국창조문학대표수필선 232

이문영 지음

그 분의 정원에 꽃이 피어

창조문학사

■ 프롤로그

세상의 넓은 정원을 가꾸는 그분의 은혜가 대지에 꽃물처럼 내린다. 천지 사방, 지천의 꽃 중에 작은 들꽃 하나로 피어 꽃물이 소멸되어 버리기 전에 서둘러야 한다는 소리가 있다.

처음에는 잡지사 기자로 일하면서 칼럼으로 쓴 글들을 엮고 싶었고, 학교에서 논술을 가르치며 학생들이 실력이 향상되고 언행이 바르게 변하는 과정을 쓰고 싶었다. 그 외에 일상 속에 있었던 좋은 소재의 글들만 모아 정리하자는 생각이었다. 그런데 글을 쓰려고 키보드 앞에 앉으면 들추기도 싫은 지나간 아픔의 시간들이 떠오른다. 그것도 아주 생생하게 그 당시의 사건들이 거울처럼 보이기 시작한다.

세상에 보이는 아름다운 이야기로 또는 간접적인 것들의 진실을 아름답게 묘사하여 쓰고 싶은 의도와는 다르게, 직접 겪고 깨달은 것들의 이야기로 채워져 가고 있다. 이웃으로 부터 보고 들은 것과 사람들에게 해야 할 말은 듣기 좋도록 꾸미지 않고 사실대로만 또박또박 쓰고 있다.

문학을 공부하면서 '글의 아름다움은 진실 속에 있다' 라고 배웠듯이, 주위에서 본 느낌을 진솔하게 담는 글을 쓰려고 한다. 어느 유명 작가의 에세이집 서두에서도 글을 쓰는 중에 남의 눈치를 보니 떳떳하지 못하더라는 것이다.

아! 이건 분명 그분의 뜻이구나. 나 한 명의 영혼을 구원시키려고 상상 이상의 인물이 나오고 또 우리 가족을 구원하려고 전설에서나 들을까 말까 하는 괴물을 등장케 하여, 하루아침에 온 집안에 폭탄을 맞고 여덟 살 어린 아들을 사경을 헤매는 아픔까지 순간순간을 기록하게 하신다.

우리가 예수를 영접하기 전에 양가 부모님은 하나님을 믿지 않았다. 내 가슴에는 불공을 드리는 어머니의 모습이 채워져 있었고, 서울에서 시내버스를 타고 가다가 언덕 위 십자가가 보이는 교회에서 삼삼오오 내려오는 청년들을 보면서 보기 좋은 풍경으로 스쳐지나 갔고 그리고 유일하게 "십계" 영화를 본 것이 전부이다.

그럼에도 성장과정을 배경으로 놓으시는 것은 그분의 사랑으로 그분의 자녀가 된 자신을 간증의 소재로 엮어 가라는 것이다. 그러고 보면 따끔하고 아팠던 사랑의 회초리를 맞지 않았더라면 우리 가족은 구원의 반열에 들지 못했을 것이다.

내 삶의 선택 중에 가장 잘한 것이 있다면 예수님을 따라온 것이다. 오늘도 새벽에 떨어지는 말씀 꽃물을 마시고 직장으로 간다. 사회에서나 가정에서 매일 나를 도우시며 어려움도 승리

케 하시는 그분을 생각하면서, 감사하며 보답하려고 노력한다.

이웃집 아주머니, 세탁소 아저씨, 아래층 젊은 부부, 노인정 할아버지에게 스스럼없이

“예수님이 좋아요. 교회에 나오세요”

진심을 담아 말해도 건성으로 듣거나 혹은 듣고 마지못한 표정으로 먼 나라 이야기처럼 믿지 않아도 한 알의 밀알이 꽃 피우도록 내일도 모레도 계속 해야 할 사명이다.

시편 73:28

하나님께 가까이함이 내게 복이라 내가 주 여호와를 나의 피난처로 삼아 주의 모든 행적을 전파하리이다.

2014년 새해 아침 내게 주신 말씀처럼 그동안 미루었던 그분의 모든 행적을 쓰고 있다.

– 2014년 12월

그 분의 정원에 꽃이 피어

▣ 프롤로그

차 례

그 분의 정원에 꽃이 피어

6. 우리 집 뜰에 친구가 있어요

7. 산이 좋아요

8. 서로 사랑하라

9. 좋은 사람들

그 분의 정원에 꽃이 피어

10. 성령님 음성이 좋아

11. 바람처럼 외로운 날

12. 나누어 주라

13. 가을에는 편지를 부쳐요

14. 이웃을 사랑하라

이문영 수필집

그 분의 정원에 꽃이 피어

1. 꽃씨를 뿌리고

별이 꽃이 되어

한옥 마을에 달빛이 녹아내리고 연못 속으로 몇 섬 하늘의 별들이 내린다. 흔들리는 충무로가 널부러져 있고 세상 고통의 알몸들이 다닥다닥 뒤엉킨 이웃의 슬픔도 일그러진 창문사이로 새어나오고 사랑했으나, 손잡지 못하고 뒤 돌아서는 너의 눈꺼풀 언저리에 빛나는 별빛 하나 떨구어 놓았구나. 험한 세상의 길목마다 걸어 놓은 따스한 등불, 그 분이 주시는 불빛으로 무너지는 마음을 걸어놓고 가라고 설레이는 물살 따라 나지막하게 속삭인다. 그리고 순금 빛 강물 따라 청초한 별꽃을 피우며 뜨거운 울림 메아리 되어 흐른다.

딸아 너는..

이십대 후반 크리스마스 새벽에
고요하게 나를 부르시고
성큼성큼 앞서가시기에
그냥 좋아서 따랐습니다.

내가 몰랐던 나라
본적도 듣지도 못했던
생소한 역사기록의 책을 주시며
탐구하라고 하셨으나

처음에는 도무지 맛보지 못한 쓴 음식처럼
목에 걸려 넘어가지도 않았습니다.

동생이 형을 속이고 축복을 가로채기에
싫다고 고개를 가로 저으며 앉아 있으니

먹어야 산다며
회초리를 들고 때렸습니다.
눈물을 흘리며 조금씩
조금씩 먹으며 딴청 피울 때

빨리 성장하라고..
꿈에서 예수님은
나를 위해 기도하고 계심을
보여 주셨습니다.

쓴맛이 단맛으로 변하고
교훈과 책망과 의로
교육하기에 유익한 말씀들이

고향집 따순 아랫목처럼 편안하게
풀잎이 드러누워 하늘을 가까이 보듯
산소 같은 응원에 흠뻑 빠졌습니다.

살아온 날을 회개하라고
늘 나를 무릎 꿇게 하시고
또 나를 용서해 주시므로

가을에 나무가 미련 없이 잎을 버리듯

더 홀가분하게
더 자연스럽게
나를 버렸습니다.

산에 들에 가슴에 꽂히는 비처럼
한 방울의 기쁨이 되고
한 줄기의 웃음이 되어

누군가에게 아름다운 추억으로
남을 수 있는 친구가 되라고 말씀 하셨습니다.

봄날에 날리는 민들레 꽃씨처럼
산과 들의 옥토이면 좋겠지만
사람들이 오가는 돌담길 모퉁이어도
도심 속의 시멘트바닥 틈 일지라도

비집을 힘이야
먼 듯 가까운 듯
주시는 은혜로 엄청난 이 보배!
기꺼이 감사로 꽃을 피우겠습니다.

조롱박 아기

마을 길 언덕을 넘어서면 사철 시냇물이 흐른다. 깊은 웅덩이 속에서 물이 솟아나니 물이 마르지 않고 생수처럼 깨끗하였다. 맑은 청정수가 아니면 못산다는 은어가 비늘을 반짝거리며 물위로 튀어 오르고 송사리 붕어 외에도 이름 모르는 물고기들이 살고 있는 곳이다. 여름 소나기 내린 후에는 자갈 밑에 숨어살던 다슬기가 큰 돌 위로 까맣게 기어오른다. 손으로 한줌씩 쓸어 올려 바구니에 담고 담아도 또 나오는 것이다.

언덕의 잔디사이로 통통하게 자라는 쑥을 캐어 다슬기 삶은 물로 국을 끓이면 쌉사름하면서 상큼한 맛이 보약이었다. 한낮에는 아이들의 멱 감는 소리와 동네 아주머니들의 빨래 씻는 방망이소리로 시끌벅적하고 밤에는 처녀들이 달밤에 살금살금 목욕하는 비밀이 있었다.

그런 풍경이 있는 마을에 총각이 장가가고 보금자리를 만든 이야기가 있다. 산 넘어 이웃마을의 고을에 처녀가 미인이라는 소문을 듣고 아내로 맞이하고 싶어졌다.

“미인은 용기 있는 사람이 데리고 간다”

했으나 그 처녀의 아버지는 고집 센 진주 강 씨에다 호걸로 힘이 장사이고 배짱이 넘치는 사람이라 엄두를 낼 수가 없었다. 궁리궁리 하다가 한 가지 방법을 생각 하고 큰맘을 먹었다.

그 당시에는 마을 처녀의 연애사건은 천지개벽의 사건이고 혹 소문이라도 나면 꼼짝 없이 그 사람에게 시집을 갈 수밖에 없는 시절이었다. 곰곰 생각을 거듭하다가 박물장사가 이 동네 저 동네를 다니는 것을 기회를 삼았다. 어느 박물장사 아주머니에게 윗마을

"강씨네 집 맏딸 ㅇㅇ는 내 사람이다"

라는 말을 흘려 놓았다. 아니나 다를까 아궁이 연기처럼 아낙네들의 입에서 입으로 소문이 돌기 시작하였고 결국에는 호랑이 성격의 처녀 아버지 귀에도 들어갔다. 17세의 꽃다운 맏딸을 집안끼리 사돈을 맺고자 약속하고 지내는 사이도 있는 터라 집안이 발칵 뒤집어지고 문밖출입을 금지하고 요놈을 잡기만하면 때려죽일 맘으로 기회를 보고 있었다.

강씨는 노발대발 화가 나 있었다. 그놈을 잡으려고 벼르는 어느 날 처녀를 보기위해 집 주위를 맴돌던 이씨 총각이 호랑이 강씨에게 들키고 말았다. 대쪽 같기로 소문난 어른이 단단히 벼르고 있었기에 매부터 때리고 싶었는데 총각을 보니 겉보기에는 키 크고 인물은 훤하였다. 밉상이 아닌 얼굴을 보고 이것저것 물어 보아 마산에서 비단장사와 여관을 경영하는 형이 있고 먹고 살기는 괜찮다 하였다.

그러나 딸에게 흠집을 내고 헛소문을 낸 도둑 총각이 괘씸하여 내키지가 않았으나 이미 동네방네 소문이 났으니 바로잡기 어려워 마음이 상하였다. 며칠씩이나 몸져누웠던 강씨는 열병을 앓고 일어나 마음을 열기로 하였다.

그 후 두 사람은 가정을 꾸리고 아들 일곱을 낳고 여덟 번째 딸을 낳았다. 위로 태어난 아들들은 건강하고 얼굴도 남 못지않은데 비해 갓 태어난 딸아이가 울타리에 열린 조롱박처럼 작으니 조롱박아기라고 표현했다고 한다. 무게를 달아보지 않았지만 미달이 엄청난 듯하였다.

태어난 아기를 처음 본 외할머니는 사람구실은 못하겠으니 딸에게 본인 몸조리나 잘하라고 했다는 것이다. 약하고 작게 태어나서인지 어릴 때 잔병치레를 잘하고 비위가 약하여 먹여주는 약을 먹고 토하고 낫지 않아 고생을 했던 경험이 기억난다. 요즘 같지 않아서 그 시대에는 미숙아 아기를 키우기가 쉽지 않았을 것이다. 그래도 엄마의 지극 정성을 먹고 조롱박의 떡잎은 크게 자라고 있었다. 그 시절은 누구 네를 막론하고 딸보다 아들이 최고라 했지만 아들 일곱을 낳고 딸 한 명을 낳았으니 애지중지 키웠다는 것이다. 그 작았던 딸아이가 중학교부터 키도 훌쩍 크기 시작하였고, 가지나무에 수박이 열리듯 잘 자라서 어른이 되고 지금 이글을 쓰고 있다.

보라색 원피스

심성이 여리고 약한 것은 미숙아로 태어났음일까 아닐까 잘 모르지만 어릴 때부터 무섬 잘 타고 겁도 많았다. 초등학교를 오가는 등하교 길에 소나무 숲 길목은 무섭고 싫었다. 실제 보지도 못하였으나 말로만 듣던 늑대와 여우가 어디선가 불쑥 나올 것 같았다. 또 친구들이 퍼트린 알 수없는 무서운 귀신 이야기는 여럿이 함께 있어도 속으로 무서움을 타기도 했다. 해가 지고 깜깜하면 귀신이 나오는 상상으로 혼자 끙끙거리며 잠을 못자기도 했다.

든든한 지원군 엄마가 옆에 있어도 무섭다는 심정을 말하지 않고 참기만 했던 것은 어린 나에게 무엇이었을까?

엄마에게 남다른 사랑을 받았던 것은 틀림없는 사실이었다. 초등학교도 들어가기 전에도 그 시절엔 보기 드문 길이가 짧고 천이 윤기가 흐르는 보라색 원피스를 입고 다녔다.

글을 쓰고 있는 코앞에 짧고 예쁜 원피스를 입은 작은 딸 아이가 웃음을 머금고 폴짝이며 다니고 있다. 친구들이 입지 않은 원피스를 입고 기분이 참 좋았었는데 나와 마을에서 같이 자란 옆집 친구는 어릴 적 그 보라색 원피스를 지금도 기억하고 있고 부러웠다고 했다.

초등학교에 입학하고 소풍을 갈 때도 별이 수놓아진 부드러운 천으로 밤을 새워가며 치마저고리를 어머니 손수 바느질 하시고 만들어 주시니 그걸 입고 소풍을 가기도 했다. 아버지만큼 어른이던 오빠들이 나를 안고 찍은 흑백 사진도 치마 속에 내의를 입고 쑥스럽게 서있는 모습이 촌스럽지만 그래도 옷은 새것으로 보인다. 어머니와 아버지께 특별히 혼나 본적도 없었다. 어머니는 어른인 오빠들 앞에서 어린 여동생이 기특한 일을 잘한다고 자랑을 해주곤 했다. 그러고 보면 내가 먼저 꾸중들을 일을 안 한 것 같기도 했다. 무슨 일이든지 내가 하는 일을 보고 엄마가 하지마라는 말을 하면 다음에도 꼭 같은 일을 만나게 되는데

"하지마라!."

는 말의 꾸중을 두 번 듣고 싶지 않은 자존심이 있었다. 어렸지만 나름 자신을 지키는 아이였을까. 그래서인지 어른들로부터 철든 아이라는 말을 듣기도 했다.

도토리 친구들

그러나 사회생활의 첫걸음 초등학교에서의 일들이 나 자신도 이해가 안 되는 행동이었다. 학교 입학 했을 무렵은 교실의 중간 자리에 앉았으니 또래 중에 키가 보통 이었다. 그런데 제일 앞자리에서 나보다도 훨씬 작은 여자아이 친구가 나만 보면 이유도 없이 싸우자고 했다. 키도 내가 크니 싸움에 질것 같지는 않은데 싸움 자체가 싫어서 늘 피해 다니고 그래도 또 싸우자고 하는 날에는 조퇴를 하고 집에 와버리기도 하였다.

무척이나 귀찮고 싫은 친구를 아무 방어도 없이 멀리 한 채 초등 6년을 참으며 졸업을 했다. 지금 생각하니 싸움이 싫으면 오빠들이 상급생 학급 반장으로 학교에 다니고 있으니 한마디 말만 해도 해결될 것이고 부모님께 말해도 될 것이건만 아무에게도 말하지 않은 채 나 혼자 참고 지냈다.

중학교 1학년 봄에는 3학년에 다니는 오빠가 전교회장이 되었으니 말 안 해도 친구들이 먼저 회장동생이라고 하는 것이 울타리가 되었다. 그래도 나는 오빠 힘을 얻어 까불지도 안했던 게 어른이 되어 몇 해 전에 중학교 동창들을 만나면서 확인이 되었다. 중학교 입학 당시부터 키가 차츰 크기 시작하여 뒷자리에 앉아 공부했으니 앞자리의 친구들 얼굴이 기억이 나지 않았다. 남녀 공학이던 학교에 D반은 여학생 반이었고 3년 동안이나 같은 반에서 공부를 했다. 친구가 다가와서 내 손을 잡으며 반가워하는데 도무지 누군지를 몰라서 얼버무리며

"어쩌지.. 네 이름이 기억이 안 난다. 너도 내 이름은 모르는 거지."

"왜, 너를 몰라 착하고 공부 잘했잖아!"

내 이름을 똑똑하게 부르며 저는 현순이라고 했다.

그제서야 알아보고 반갑다며 손을 잡았다. 너는 나를 아는데 참 미안 하구나 하였다. 그리고 내가 진짜 착했냐고 내가 어떤 학생이었는지 나 자신은 모르는 일이라 확인해봤다. 그래 너는 누구보다도 얌전하고 착하고 말없이 공부도 잘했다고 말해주었다. 친구 화숙이는 신기하게도 여중학생 우리들의 모습을 이름도 행동도 거의 알고 기억을 되살려 주었다. 너는 이숙이와 명숙이랑 잘 지냈고 교복치마도 제일모직의 무게가 있고 윤기가 자르르 흐르는 치마를 입고 엉덩이를 살랑살랑 흔들며 걸었다고 한다. 그 당시에는 대부분 여학생들이 천이 가벼운 데데롱 천으로 교복치마를 입고 다녔다고 한다. 그러나 내 기억으로는 교복의 천이 좋고 나쁜지를 전혀 의식이 없이 다녔다.

그러고 보면 당시 교복치마는 둘레가 넓은 원형이던 디자인이고 내가 입고 다녔던 교복의 치마 천이 두껍고 무거운 제일

모직이라서 걸음을 걸을 때마다 저절로 치맛자락이 이리저리 흔들렸던 것을 보고 나더러 엉덩이를 흔드는 것으로 보지 않았나 싶다. 그렇게 친구들의 말을 들으며 생각해보니 삼년 동안 한반에서 공부하면서도 친구들이랑 갈등 한번 없이 할일만 했던 것은 사실이었다. 딱! 한번 국어시간에 선생님한테 혼난 적이 있는데 책읽기를 좋아하는 효선이랑 책 읽은 소감을 쪽지에 적어서 서로 주고받다가 '무슨 연애편지 주고 받냐.' 오해하시고 꾸중들은 적은 있었다.

참 친한 단짝이던 경화는 매일 만나면서도 예쁜 글씨로 우정의 편지를 보내오기도 했다. 집으로 가는 방향과 길은 달라도 시냇 길을 따라 그냥 좋아서 함께 걷기도 했다. 그렇게 마음이 잘 통하고 크게 질투할 일도 없어 좋았다. 그렇게 경화랑 잘 지낸 것이 숙녀일 때도 서울에서 만나서 공원에서 화사한 웃음의 사진도 찍고 오가며 어른인 지금도 동창 누구보다도 가장 잘 지내고 있다.

중학교 시절 얌전했다는 말을 듣고 보니 집에 와서 생각해도 참 새롭고 기분이 좋았다. 교복 카라가 익숙하지 않았던 앳띠고 어렸던 나의 여중학생 모습을 아름답게 기억해주고 추억을 되살려 준 현순이를 다음에 만나면 밥을 사고 싶다.

초등학교는 학생 수도 많고 말을 안 하면 누가 누구와 형제인지도 몰랐으나 중학교는 전교회장 선거로 학교가 떠들썩하도록 선거바람이 불었다. 운동장 강단위에서 정치연설 만큼이나 거창하게 회장으로 뽑아달라고 호소했다. 키도 크고 말도 잘하는 오빠가 회장후보로 연설을 하는데 컵의 물을 마셔가며 여유있게 먼 나라의 인물을 묘사하며 멋있게 하였다. 집에서 그렇게 연습하는 걸 보지 못했는데, 어디서 연습했을까 하였다. 그렇게 전교 학생이 모인 자리에서 큰 인기를 얻었고 중 1학년 우리 반 여학생들도 너의 오빠 진짜 멋있다며 몰표를 주었다고 한다. 그랬으니 말하지 않아도 모든 반 아이들이 내가 회장 동생이라는 것을 알고 있었다.

그래저래 오래된 세월 저편의 작은 꼬맹이가 심술이는 아닌 것이 분명하고 그래서 자라면서 다른 아이들처럼 머리채 잡고 싸워본 경험도 없다. 그러나 여자이어도 싸움도 경험해야 인생을 사는데 도움이 된다는 것을 어른이 되고 자꾸 느끼게 되었다. 간혹 안방극장 드라마에서 여자들이 머리채 잡고 싸우는 장면을 보면서 저렇게 싸우는구나 싶어 유심히 바라본다.

뒤돌아 잘 생각해보니 그 분은 나를 글을 쓰는 사람으로 쓰려고 고등학교 국어시간에 쓴 수필을 선생님이 칭찬하시더니 시인이 되라고도 하셨다. 그리고 대학에서 문예 창작과 문창인의 밤 행사 '가을밤에 젖어드는 문학의 향연' 에

'여울' 이라는 나의 시 한편이 오르게 되어 학우들의 부러움을 사며 낭송을 했던 일이 있었다. 그것들의 과정은 글 쓰는 사람으로 준비되는 과정이었고, 살면서 생활 속에서 여러 모양의 특이한 성격의 사람을 자꾸 만나게 하는 것도 글의 소재로

주시는지도 모른다는 생각이 든다.

몇 해 전에 '친구야 모여라' 는 초청장이 날아들었다. 6년을 한 반에서 웃고 울던 도토리 키재기처럼 키가 고만고만하고 작았던 초등 동창들의 모임이었다. 그곳에서 늘 싸움을 걸어오던 친구를 만났다. 어릴 적 감정은 내려놓고 웃으며 이야기를 나누다 오래도록 궁금했던 것 하나를 물어보았다.

"숙아 너는 왜? 초등학교 다닐 적에 나하고 그렇게 싸우자고 했어."

"하하하! 웃으면서 내가 너에게 정말 미안하구나, 그때 내가 왜 그렇게 싸움쟁이였는지 모르겠다. 네가 아닌 다른 여러 친구들과도 무수하게 싸웠고 초등학교 6년 동안 너무 철없고 나쁜 아이였다."

하면서 진심으로 자신을 잘 알고 있었다. 그 말을 듣는 순간 무엇이 도토리처럼 또르르 구르며 천진난만하게 웃어야 할 어린 시절 얼굴이 예쁘장한 그 아이를 싸움쟁이로 만들었을까? 하는 의문이지만 이전 것은 지나가고 그 친구는 서울 목동에 살다가 예수믿고 변화를 받았다. 지금은 충청도의 어느 산골에 요양소를 짓고 노인들에게 실비를 받고 노후를 편하게 지내도록 도우며 예수님을 전하는 사명을 감당하고 있다. 그녀의 입술은 감사가 있고 죄를 멀리하고 거룩하고 싶다고 한다. 요즘은 그곳에 여러 가지 하나님의 일들이 잘되어가고 있다니 귀한 사명의 소식을 듣고 있다.

하나님의 딸

우리 마을에서 산으로 가는 오르막에는 작은 암자가 있었다. 동네 사람들과 이웃 마을 주민들은 사월 초파일이 되면 가족 수대로 등을 달고 부처 앞에 절을 하며 소원을 빌었다. 나는 엄마의 손을 잡고 절을 따라 다녔다. 사람들이 많이 모이고 엄마가 좋아 늘 따라 다녔지만 절 안팎 기둥과 천정에 그려놓은 험상궂은 얼굴로 찡그리거나 무섭게 노려보고 있는 형상들과 또 칼이나 무기를 쥐고 있는 흉칙한 온갖 그림들이 무서웠고 싫었다. 부처를 쳐다봐도 내 마음은 안정되지 않았고 그렇게 안절부절 앉을 자리를 찾지 못했다.

어른들은 나보고 율곡 댁 '고명딸' 이라고 하면서 귀여워 해주니 좋기도 하지만 그 보다 엄마가 더 좋아 손을 놓기 싫어서 꼭 절을 따라 다녔다. 절 분위기에서 오는 무서움을 피하기 위해 많은 사람들 속으로 자꾸 헤치고 들어가 가장 가운데 자리에 앉고서야 겨우 마음을 놓을 수가 있었다.

집에서는 엄마가 초하루나 보름이 오면 깨끗한 상위에 물을 올려놓고 소제종이를 태워 올리며 자녀들의 이름을 하나하나 부르며 기도를 드리는 모습을 한참 동안이나 지켜보기도 했다.

종이를 불에 태워 두 손으로 감싸 올리며 기도하는 그 말은 하나도 알아들을 수가 없었다. 그렇게 천사처럼 기도하는 엄마의 모습을 보면서 한 번도 따라 하거나 배우려고도 하지 않았던 것이 신기하다. 세상에서 제일 좋아하는 우리 어머니의 기도 모습을 보고 자라면서도 흉내 내지 않았던 것은 참으로 기적 같은 마음이 든다.

절에 가면 사람들은 마음이 편안하다고 하는데 유독 무서운 느낌을 들게 했던 모든 환경은 그곳이 내가 가야할 길이 아니었던 게 틀림없었다. 그것이 아마도 어머니의 신앙을 배우지 않았던 이유가 되었던 것 같기도 하다.

작년 봄이었다. 평소 알고지내는 지인들과 북한산으로 산행을 하는 날이 사월초파일 휴무였다. 그날은 평소 가던 곳이 아니라 낯선 곳으로 오라기에 함께 가는 중이었다. 한참을 산을 오르는데 우리 여기서 점심을 먹고 가자는 것이었다. 어디서 먹느냐니까 울긋불긋한 등이 보이고 목탁소리와 염불소리가 어우러져 사람들이 오고가며 산을 온통 축제로 보이는 낯익은 풍경이 보였다. 그 광경을 보면서 자라면서 사월초파일에 미나리와 온갖 나물들을 넣고 큰 양푼의 그릇에 쓱쓱 비벼서 주는 비빔밥의 맛을 알지만 걸음을 멈추었다. 나를 보고 교회는 다니지만 먹는 음식인데 괜찮다며 굳이 가자고 했다. 친구들은 아무 거리낌이 없었고 앞서 걸어 올라가면서 내가 안 간다니 두 사람이 아주 어색해 있었다. 분위기를 보아 산을 혼자 오르려고 해도 낯설어서 길을 모르고 슬슬 뒤로 빠져 빠른 걸음으로

뒤돌아 오는데 나를 부르는 소리가 급해지고 있었다. 뒤돌아서 손을 흔들며

"미안해 잘 놀다 와!"

라고 웃어주었다. 동행들은 그럴까 하는 염려는 있었지만 정말 혼자 갈 줄 몰랐다며 너무 미안하다는 문자를 보내왔다. 어쩌면 절의 풍경은 보고 자라서 그리운 고향 같은 느낌이라도 있어야 하는데 항상 어색하다. 간혹은 문인들이 모여 함께 '문학기행'을 가거나 '우정청 편지가족 회원' 들이 여행을 하면서 여행지의 코스로 유명한 절이 포함되기도 한다. 일행은 거의 즐거운 얼굴인데 어쩐지 생전 처음 보는 장소처럼 부처를 정면으로 보기에도 어색하기만 하다.

사람은 보고자란 것에 익숙하고 행동으로 옮기는 것으로 알고 있다. 그래서일까 어느 분의 설교에서 하나의 습관을 고치려면 백년이 걸린다고 했다. 어쩌면 몸에 배인 습관을 고칠 수 없다는 표현 일지도 모른다. 그럼에도 청소년기에 고향에서 보고 자란 것에 습관화 되지 않고 구별되어 있는 것은 그 분은 태어나기 전부터 미리 딸로 택하셨기 때문이라고 믿는다.

2. 구원하시려고

총각 선생님..

그렇게 믿지 않는 가정에서 자라 믿지 않는 남편을 만나게 되었다. 인근 출신 학교 총각선생님이 우리 큰 조카 담임이라는 명분으로 가정방문을 왔다. 노래도 잘 부르고 공부도 잘하는 조카들이 거울이 되었을까, 마당 넓고 지붕이 커다란 기와집을 보고 그랬을까, 보통은 가정방문을 하고 곧 돌아가는데 시간을 끌어서 저녁 밥상까지 차려주었다. 그래도 일어서지 않아서 조카 이름을 불러 잠자리 이불을 챙겨달라는 말을 하고서야 벌떡 일어났다. 그 후부터 조카를 통해 쪽지를 보내온다.

"학교에 탁구를 치러 오세요.."

"오늘은 마을 냇가에 낚시를 하러갑니다."

여러 가지 핑계로 자주 우리 집을 찾아오니 수상하다 눈치 챈 가족들은 이웃들이 알새라 걱정하였다. 우리 집에서는 나의 결혼 상대의 조건은 신랑감으로 누구네 맏이라는 말만 나와도 안 된다고 했다. 이유는 가사 일 등 모든 일을 할 줄 모른다고 고생하기 때문이라는 것이다. 그래서 6남매 중 셋째 아들이라는 것 하나밖에 마음에 드는 게 없다고 했다. 그래도 담임선생님이라 아무도 뭐라고 표현도 못하고 있었다.

그런 걸 눈치라도 알았는지 가르쳐 주지도 않았는데 내 생일날에 책을 선물하더니 어느 날은 지나가는 사과 장수 아주머니의 사과를 몽땅 우리 집으로 배달을 보냈다. 학부형이 선생님 앞으로 보내는 선물이 아니고 거꾸로 선생님이 학부형 집으로 뇌물을 보내는 격이 되었다.

그 즈음에 유행하는 길이가 짧은 미니를 입고 다니면 못 입게 말리고 저녁에 귀가시간이 늦으면 대문 앞을 지키는 아버지보다 더 무서운 맏이오라버니가 있었다. 그런 오라버니의 딸과 아들의 연속 담임을 하면서 기회를 얻은 총각은 우리 집을 자주 찾아왔다. 오라버니 무서우니 오지 말라고 당부를 하여도 날마다 밤에 남모르게 대문밖에 와서 대청에서 왔다 갔다 하는 내 모습을 보고 간다는 것이었다. 그렇게 해바라기처럼 마음을 주고 노력하는 것을 밀어내지도 못하는 것은 조카의 담임선생님이기 때문이었다. 어느새 가랑비에 옷 젖듯이 나뭇잎이 단풍으로 물이 곱게 들듯이 바라보기에 좋은 사이가 되어가고 있었다. 어느 날 맏이 오라버니가 일을 마치고 오는 길에 버스를 탔는데 총각선생님이 출장을 갔다 오는 중이라고 반갑게 인사를 했다. 그런데 길 방향이 다른데 왜 이리로 가냐고 묻는 오라버니에게 나를 만나러 간다는 말을 못하고 멋쩍게 웃으며

"집에 가서 차, 한 잔 주십시오."

"차, 한 잔은 얼마든지 줄 수 있으니 갑시다."

하며 함께 집으로 왔다. 이런저런 속내를 감춘 이야기를 하다가 언제까지나 숨길수가 없다하여 오라버니에게 용기를 내어

“여동생을 저에게 보내 주십시오.”

라고 했다는 것이다. 맏이 오라버니는 가정사 여러모로 엄격하여 하나뿐인 여동생의 스캔들을 알면 무섭다는 걸 알므로 총각선생님이 우리 집을 자주 오는 행동을 아무도 말하지 않아서 모르고 있었다. 간혹 외출이라도 하여 귀가 시간이 늦으면 대문 앞에 돗자리 깔고 기다리기도 하고 감시가 아주 심하기 때문이었다. 그러기에 뜻밖의 말을 듣고 이런저런 사연을 모르는 놀란 오라버니가 아직은 시집을 갈 나이가 아니라고 안 된다고 답했다는 것이다. 그 당시에 큰 오라버니 주변의 사람들이 동생을 시집보내야 할 때가 되지 않았냐고 주위의 여기저기서 말을 해도 아직은 시기가 아니라고 했다는 것이다.

그런데 갑자기 총각선생님의 공식선언으로 식구들은 걱정을 하며 우선 외모를 따지고 직업이 교사라 넉넉지 못한 생활을 한다는 것이었다. 반면에 나는 외모보다 온유해 보이는 성품을 보았고, 직업은 선생님이라 아이를 잘 가르칠 아버지겠지, 때로는 생각지도 못한 요모조모 정성을 보아 자상한 면도 있으려니 하며 진심의 사랑으로 받아 들였다. 무엇보다 나만 평생 사랑하겠다는 말과 행동을 의심도 안하고 믿어버렸다. 그리고 넓은 동해 바닷가에 고운 영롱한 빛 조가비처럼 파도에 꿈을 싣고 노래하기 시작했다.

다른 건 몰라도 사람은 좋을 거야
마음은 외모보다 더 믿음직하여라
저리도 정성을 쏟으니 누군들 막으랴
나하나 곱다고 하면 재물도 호화도
그것이 대신하고 행복이려니
나도 잘 할 거야 잘 할 수 있을 거야.

그 즈음에는 나이 이십대 중반도 안 되었으니 아직 정식으로 결혼을 전제로 맞선을 본 적도 없었고 이성 친구들을 많이 만나보지 않았던 시기여서 사람을 볼 줄 모르기도 했다. 고향과 서울을 오가는 고속버스에서 어떤 청년이 갑자기 메모지를 들이밀며 편지를 보내왔던 일은 먼 후일 올케로부터 주소도 없이 알맹이 사연을 받고 회신도 못해서 스쳐지나간 인연에 불과했던 일이 있었다.

그럼에도 적극적인 총각선생님의 사랑노래가 싫지 않아 좋은 감상으로 은빛 조약돌이 반짝이는 길을 걸으며, 오색 무지개 꿈을 담고 담아 아름다운 신데렐라 공주처럼 하얀 드레스를 입고 부산에서 조카의 담임선생님이라는 사람과 결혼을 하게 되었다.

시집살이

우리 집에서는 귀한 딸이라는 말을 들으며 특권을 누리던 나는 어디를 가도 사랑받는 존재인줄 알았다. 그러나 결혼을 하고 시댁을 들어가니 낯선 가정의 환경과 사람들이 달랐다. 종손 집안인 시부모님과 위로 동서가 둘이 있고 시누이 시동생 조카들까지 여러 가족을 일일이 섬겨야 하는 새댁이었다.

명절이나 시부모님의 생신이나 학교 방학을 맞이하여 시댁에 가면 조상들의 제사를 비롯해 부엌의 모든 일손을 도우고 뒷설거지 그릇은 태산이었다. 친정집에서는 아버지가 둘째아들이여서 제사를 모시지 않고 큰집을 가서 차례를 지냈고 명절에도 올케들이 많으니 일손이 나에게 돌아오지 않았다. 일을 해보지 않았으니 맏며느리 자리이면 감당하기 어렵다고 시집 못 보낸다던 친정식구들이었다. 남편은 아들 중에 셋째라 마음을 놓았고 또 저 좋다고 데려 갔으니 어디서나 보호해 주려니 하고 믿고 있었다. 그러나 시가 집 낯선 분위기와 맏동서의 언행이 심상치가 않았다. 맏동서는 열 살 많은 본인 스스로 말 많다 할 만큼 말도 많고 시기질투도 많아 남이 좋은 꼴을 못 보는 성격 이었다. 맏동서의 친정아버지는

“여동생은 예쁘다고 어디든 데리고 다니고 본인은 거들떠보

지도 않고 사랑받지 못했다."

며 아주 미워하는 이야기를 자주 하곤 하였다.

우리 집에서는 아들 일곱 중 하나뿐인 딸이라고 시집가서 기죽지 말라고 혼수품을 골고루 가족일체의 선물을 챙겼다. 시부모님은 풍성한 혼수를 받고 뒷돈을 넣을 만큼 좋아하셨다. 그런 분위기에 맏동서의 질투가 시작되었다. 시 부모님은

"셋째 며느리만 좋아한다. 집안의 사랑을 셋째의 동서가 모두 뺏어갔다."

고 둘째형님한테 불평을 했다고 한다. 그러니 트집 잡을 것이라곤 혼수밖에 없었던 것이다. 혼수품 하나하나 흠을 잡으며 심술을 부리는 것이 심하게 보였다. 맏동서 본인은 혼수일체 해온 것 없다는 말을 들었는데 손아래 동서의 혼수품을 일일이 트집 잡는 것은 보통사람은 절대로 못하는 일이다. 이십 대 중반까지 그런 못 말리는 인격을 본적도 만난 적도 없었으니 제지하는 방법을 몰랐다. 그런 어느 날 반복되는 남편의 과거 여자 이야기를 듣다가 크게 맘먹고 한마디 했다.

"형님! 그런 말은 듣기가 싫어요.."

"하하하, 뭐가 듣기 싫어, 나는 재미있기만 하는데.."

27세의 총각은 과거 어느 여선생님과의 사랑에 매력을 느끼지 못하고 나를 선택했다는 이야기를 들어 알았지만 동서의 입으로 말하는 것은 싫을 수밖에 없었다. 갓 시집 온 병아리 새댁에게 남편의 과거여자가 있었다 해도 사실을 숨겨야 인지상정이거늘 싱싱한 화초에 기름 붓고 불 지르는 격으로 기죽이기

작전은 끝이 없었다. 시어머니는 오랜 지병으로 집안일과 재산 관리도 물려주었고 부엌을 장악하는 맏며느리의 손에서 작고 큰일들이 돌아가고 있었다.

우리 친정집 맏이 올케는 시동생들 여럿이 거느리면서 결혼하여 새사람이 들어오면 혹여 손아래 동서들이 맘에 상처 되는 말이 무의식중이라도 누가 할까 염려하는 사람이었다.

반대로 시가집 손위 맏동서는 '토끼 굴에 호랑이 한 마리' 처럼 날마다 착한 토끼들을 돌아가면서 괴롭히고 있었다. 막내로 자라는 어린 시누이들이 성장하면서 자꾸 예뻐진다면서 못마땅한 얼굴로 저 아이들은 왜 저렇게 예뻐지냐 면서 나란히 잘 자라는 쌍둥이 시누이도 스스럼없이 타박하고 되지못할 버릇밖에 없다며 미워하는 시기질투의 여신이었다. 그러니 피한방울 관계없는 손아래 새댁이야 말할 것이 없었다. 상대가 누구든 저보다 나으면 안 되는 것처럼,,

막내 시동생도 그 당시 36세의 늦은 나이로 장가를 갔는데 들어온 색시에게도 시동생 흉허물을 늘어놓고 상상도 안 되는 말을 만들어 늘어놓으니 옆에서 듣기에도 아주 불편하였다. 친정아버지의 차별대우로 자랐다더니 남이 행복하고 예쁜 꼴은 못 보는 성품이라고 보면 될 것이다.

시동생들이 '까치 한 쌍' 처럼 결혼을 하고 안락한 보금자리를 만들어서 오순도순 살자는데 그것이 보기 싫은 꼴이 되었다. 갓지어 놓은 나무위의 까치둥지를 강풍을 몰고 와서 흔들고 또 흔들었다. '한 부엌에 적이 있다.' 더니 '역사의 장희빈'

처럼 음모 대형스토리를 만들어 덮치기도 하고 가족과 분리시키는 일을 만들었다. 글로서도 차마 기록하지도 못하는 남편의 과거를 상상인지 사실인지도 모르는 일들은 만들어 사정없이 독소를 뿜어내는 것이었다.

여자팔자 뒤웅 박 이라고 이런 이치를 잘 알고 친정어머니는 오빠 둘을 장가보내고 손자 손녀 4명을 보고 나더니 남은 오빠들 장가 걱정은 안하고 초등 저학년부터 우리 딸은 누구한테 시집 보낼까하고 노심초사 입버릇처럼 하였다. 그렇게 부모님이나 오라버니들이 나름 좋은 가정에 보내고 싶었던 소망은 오직 딸 한 명의 행복을 원하는 것이었다. 그런 부모형제에게 차마 나의 고충을 말하지 못하는 건 나 때문에 온 집안의 걱정이 되기 때문이다.

우리 집에서는 총각선생님의 결혼 공식 선언 후 친정의 맏이 오라버니가 그 사람의 고향 동네를 찾아가서 가문을 알아보고 돌아왔다는 것이다. 낯선 동네 이웃사람들에게 그 집안의 환경을 들어보니 총각의 부모님은 선하고 법 없어도 산다는 말을 하더라는 것이다. 돌아와서 다른 것은 속속 몰라도 사람들이 선하다고 하여 고려한 뒤에 결정을 하였다고 한다. 역시 이웃들의 말대로 부모님은 그럴 수없이 좋으신 분들인데 맏동서는 집안 살림을 도맡아 하면서 가족관계를 방해했다. 특히 시부모님의 곁에도 못가도록 온갖 방법을 동원하고 선생은 돈을 많이 버니 아무것도 주지마라 등등의 말을 날마다 하고 있었다. 시어머니는 어떤 말을 들어도 속으로 삭히시고 표현하지 않았고 교육공무원이 얼마나 박봉인지도 모르고 그대로 믿는 것이었다. 며느리 넷을 두고도 누구에게도 잔소리 하지 않으며 사이가 원만하기만을 바라는 분이었다.

'시어머니 시집보다 동서시집이 더 무섭다.'

는 속담이 있더니 그래도 남편의 핏줄이 아니라서 다행이지만 고추처럼 매운 동서 시집살이가 현실이 되었다. 절로 나오는 독백이었다.

형님, 형님 저에게 그러지 마요
남남으로 살다가 한 부엌에서 만났고
옷깃만 스쳐도 인연이라는데
한 가문의 형제의 아내로 들어온 게
이게 예사로운 만남인가요.
쌩쌩 부는 눈보라가 너무 추워요
손위라고 맘대로 손아래 밟을 권리는
법과 상식에도 위반인 것을
무슨 자격 무슨 경우 인가요
젊음으로 보나 힘으로나
제가 형님을 질 이유가 없어도
가족의 질서를 깨지 않으려
시부모님께 며느리들 흉한 꼴 보이지 않으려
싸움하는 천한 것이 되기 싫어서
참고 참아 살지만 내 마음은 아파요

부부의 끈은 연약한 실과 바늘이라
대롱대롱 떨어질까 위험해요.

그렇게 맘 고생하는 걸아는 남편은 형수를 크게 따지겠다고 하였으나 어릴 때부터 워낙 큰 형을 존중하는 맘이 있고 또 내 마음에 시부모님 보시기에 형제 싸움을 하면 얼마나 불편하겠냐며 말리었다. 어려울 때마다 '화평케 하는 자 복이 있다' 는 말씀 붙잡고 견디었다. 그러나 남편은 형수에게 나모르게 찾아갔던 모양 이었다. 아이들 엄마에게 그러지 말라고 조용히 부탁을 했다고 한다.

다음날 아침에 맏동서가 전화를 하여 크게 웃으며 나는 알지 못하는 시동생의 말을 조롱하고 있었다. 듣고 보니 이 사람은 말로서 도저히 안 되는구나. 이런 독초를 낫으로 벨 수도 없고 집안을 몽땅 뒤집을 수도 없고 기가 막히고 화가 났다. 그렇다고 시동생이 형수를 된통 팰 수도 없는 노릇이었다. 그런 모든 일을 아는 큰 아주버님은 나만 보면

"제수씨! 미안 합니다. 제가 대신 사과를 드립니다."

하면서 늘 안쓰럽게 대하셨다. 그 말은 맏동서의 못 말리는 행동의 나쁜 사람이라도 고치지 못하고 피해를 주어서 미안하다는 말이었다. 맏동서 자신이 고치지 않는데 아주버님 그 말씀이 무슨 소용인가 싶어도 웃으면서 넘어가곤 했다. 그렇게 가족이 모두 알아도 눈 하나 깜짝 안하는 사람이었다. 오직 한 사람 돈이 나오는 시아버님의 비위만 맞추는 것이었다.

시가집 남편의 친 할아버지(어학선)는 그 당시 함안군과 거창군에서 서당과 한의원을 경영하셨는데 '침 잘 놓고 한약 잘 지으시는 의원'으로 유명했다고 한다. 1950년 그 당시 6,25전까지 당대에 큰 부자였다고 했다. 그렇게 많은 재산을 시아버님이 유산으로 받으시고 나일론 양말 공장을 크게 짓느라 땅을 모두 팔았다고 한다. 공장이 아주 잘 돌아가고 있을 무렵에 6,25전쟁이 일어나서 폭격으로 불타고 재산을 몽땅 날렸다는 이야기를 내가 새댁일 때 시아버님이 들려 주셨다.

'부자가 망해도 3년은 먹고 산다' 는 말이 있더니 몇 해 전 시부모님 두 분 돌아가시고 우연히 등기소에서 조상 땅 찾기에서 임야 삼 만평의 땅과 외에 공동명의 두필지가 시아버님 명의로 되어 있는 것을 찾았다. 우리부부는 반가워서 우선 개인명의 삼 만평을 형제 공동명의하자고 맏형한테 갖다 주었다. 그런데 명의 이전의 시기를 자꾸 미루더니 2년 사이에 형제들 몰래 감쪽같이 땅을 숨기고 말았다.

그제서야 시아버님 다니던 문중산을 기준으로 휴대폰으로 지번을 찍어서 확인하고 알아보니 논과 산의 수천 평씩의 임야가 여러 필지 모두 맏형 앞으로 되어 있음을 알게 되었다. 그러고 보니 내가 시집갔을 당시에는 시부모님의 많은 재산이 있었다는 것이다. 시댁으로 갓 시집온 새댁인 저에게 시아버님께서 가문과 재산을 골고루 말씀해 주시더니 어쩌면 너희들의 몫도 있다고 암시해 주신 것이다. 그러나 맏며느리의 온갖 술수와 횡포를 감당하기 어려워 살아생전 나누어 주지 않고 삼 만평의 땅을 고루 나누라고 남겨두고 가신 것이다. 시아버님의 재산이 다른 형제 몰래 형의 이름으로 넘어 간 것은 유류분으로 작은 지분으로 받을 수밖에 없지만, 돌아가신 후의 시아버님 개인명의의 임야 삼 만평은 형제가 똑같은 지분으로 나눌 수가 있도록 남겨두고 가신 것이다. 그럼에도 맏형부부도 몰랐던 땅을 찾아서 주었더니 형제들을 무시하고 혼자 차지하고 말았다.

맏이 아주버님은 아내의 못된 횡포를 알고 갓 시집온 저를 보고 미안하다는 말을 수시로 했던 것처럼 시댁 형제들과 똑같이 선한 사람이었다. 그런데 시간이 흐를수록 바르지 못한 아내말만 듣고 결국 똑같은 사람이 되어 있음을 발견하였다.

동생들은 믿었던 큰형한테 속은 사실을 알고 구석구석 알아보니 그동안 맏형이 부모형제 몰래 시아버님의 산과 논도 팔아버린 사실이 드러났다. 손위 둘째 동서는 40년을 속았다며 평소 큰 아주버님은 입버릇처럼 집안의 모든 일을 아내가 하라는 대로만 할 것이라고 말을 하더라는 것이다. 그 말은 결국 이런 모든 일을 맏동서의 생각과 고집으로 이루어진 일이라는 것이다. 그렇게 많은 조상의 재산을 가로채고도 맏동서는 90노령의 시부모님의 용돈을 주지 않았고, 정부로 받는 장수수당과 교통비 입금 통장거래에도 돈을 빼돌린 것이 확인되었다. 시아버님은 다른 아들과 사위가 주는 돈과 스스로 움직여서 용돈을 벌고 계셨던 것이다. 고향을 찾은 아들, 딸들이 이제는 일을 하시지 말라 하면 운동 대신으로 일한다는 시아버님의 대답은 맏아들 내외의 실체를 드러내지 않으시고 감추고 계셨던 것이었다.

시부모님은 모든 사실을 숨겨도 보다 못한 이웃사람들이

"'연세 많으신 시아버지 일하지 못하게 말리라"

고 맏며느리에게 부탁을 했다는데 스스럼없이

"아무리 일하지 말래도 저렇게 고집한다."

고 시아버님을 도리어 고집쟁이 영감으로 흉을 잡았던 것이다. 그동안 다른 형제들은 그 말을 믿고 맏형이 시아버님 주택에 함께 살고 있으니 객지에서 살고 있는 동생들은 그런 줄도 모르고 맏형이 부모님 모시고 살고 있어 고맙다 하여 무조건 믿어주고 그런 내용과 깊이를 알지 못했다.

이런 일이 있으니 가슴깊이 묻어두었던 막내동서의 말이다. 결혼 즈음에 시부모님 연세 많으시니 모든 일 도맡아 하는 맏며느리가 혼수의 돈을 받고 일을 하면서 최고 우선으로 해야 할 시부모님 한복을 해드리지 않았다. 오래된 한복을 입고 예식의 혼주 석에 앉은 시 어머니를 보고 친정집 부모님은 사돈의 차림새를 보고 사람들에게 망신스러워 혼났다며 엄청 큰 역정을 내더라는 것이다. 둘째 동서도 시댁과 가까운 도시에 살고 있어 연로하시고 몸이 편찮으신 어머님께 잘 드시도록 음식을 간혹 해다 드리면 그것조차도 아주 싫어하고 흉을 잡는다고 했다. 아들 며느리 누구도 시부모님께 가까이 못하도록 하는 것이 맏며느리의 목적이었다. 무엇하나 상식적으로 옳은 게 한 점 없는 맏며느리로 인하여 집안을 엉망으로 만들고 있었다.

이렇게 조상과 집안의 재산이 많은 것이 드러나고 보니 그것을 혼자 가로채기 위하여 시댁식구 모두에게 온갖 수단과 방법을 가리지 않았던 것이다. 시아버님께는 본인 유리한 쪽으로 말하고, 형제들에게는 찔레꽃가시처럼 찌르고 모함하고 흩어놓았던 것을 이제사 알게 되었다.

사람은 짝을 잘 만나야 한다. 어느 가문에 어떤 인격의 사람 들어오느냐에 따라 한 인생과 가문의 화목과 복이 달려있다. 남자도 여자도 상대를 잘 만나야 한다.

'며느리 잘 보면 삼대가 복을 받고 사람하나 잘못 들어오면 삼대가 망한다.'

고 했다. 우리 시가집은 맏며느리가 들어오기 전에는 시어머님이 몸은 편찮으셔도 시아버님 평생 건축 기술자로 보름씩, 한 달씩 일하시고 돈을 한 보리씩 가져와도 여자문제를 일으키지 않으신 것을 가문의 장점으로 들어왔다. 그리고 시아버님은 부친이 한의원을 하시며 서당을 운영함으로 아이들에게 글을 가르친 것을 자랑으로 아셨고 본인도 단 둘의 형제뿐이니 아쉽다 했는데 시어머님 아들 딸 6남매 잘 낳고 기르니 그걸 기쁨으로 살았고 여색을 멀리하는 것을 기본으로 알고 살았다고 말하셨다. 그리고 남편의 형제 남매들은 오직 몸이 아픈 어머니를 원망 한마디 안하고 그렇게 효도 할 수가 없었다. 형제끼리 싸움은 볼 수가 없을 만큼 화목했던 집안 이었다고 한다. 시부모님의 아들, 딸 들은 지금까지의 성품을 보면 착하다 못해 어리석을 정도이다. 그런 온유한 성품의 집안에 맏며느리의 온갖 횡포로 형제들의 화목을 깨고 흩어지게 만들었다.

우리 친정집에서는 나를 맏며느리로 가면 고생한다고 시집안 보낸다 하였지만 집안의 일을 다스려가는 맏이였다면 두루두루 잘 끌어 갈 수 있었다는 생각이 든다. 맏며느리의 처신과 기술에 따라 집안의 화목을 좌우한다. 선하신 시부모님 존중하고 집안재산 형제 골고루 나누었다면 군에서 모범 가정이 되었으리라 믿어진다. 설령 시어머니가 엄하고 형제문제가 있어도 선하고 지혜롭게 대처하고 남편의 형제들을 존중한다면 바른 가정을 세울 수도 있는 것이다. 그러나 시가집 맏며느리의 독한 행동은 어디가 끝인지도 모를 정도이다. 맏동서는 시집식구 시부모님과 형제들을 포함하여 사람으로서는 상상 안 되는 최악의 행동과 없는 말을 만들고 구석구석 꼬집고 때리는 것을 취미로 살아 왔어도 예전이나 지금도 자신이 제일 잘난 사람으로 알고 뉘우침이 전혀 없다. 시부모님과 형제들을 무시하는 막말과 못된 행동은 차마 낱낱이 표현 못할 뿐이지 한 권의 책으로도 기록하기 어려울 정도이다.

나의 삶에 상상을 초월하는 인물 맏동서가 아니면 병나지 않았을 것이다. 스트레스로 고통 중에 있을 때 찾아오신 왕이신 예수님은 그런 환경을 알고 계셨다. 그 기회에 우리 가족을 버리지 않고 좋은 땅으로 나무를 옮겨 심듯이 '그 분의 정원'으로 이동 작업을 하신 것이다. 지난 모든 길 위에 장미꽃 가시는

'길이요 진리요 생명의 길' 로 가는 통로였기에 아픈 상처가 이제는 큰 축복의 재산으로 남아 있음에 감사하다.

창문 밖 음악소리

어느 크리스마스이브의 밤이었다. 남편은 교직원들과 회식 겸 모임이 있다고 했다. 성탄절은 가족과 함께하는 것을 모르는지 예수님을 믿지 않는 전 교직원 선생님들은 학교에서 수업을 마치고 가정보다 본인들만의 시간을 보내고 있었다.

학생들을 가르치는 것은 이론이고 선생님들은 가정이 우선순위를 모르는 행동들을 하여도 가족들은 참기만 했다. 집으로 돌아오지 않는 남편을 기다리며 성탄절이라는 기쁜 날을 아이들과 보내고 싶은 마음을 우울하게 하였다. 그러면서도 거기 함께하는 직원들 가정의 아내들도 똑같은 입장이라는 생각을 하며 위로를 했다. 밤은 깊고 잠을 자려는데 위경련이 시작이 되었다. 이런 증세는 한 밤이 되면 더 심하여져서 콕콕 배를 찌르는 것처럼 심하게 아팠다.

그렇게 위통이 있기 시작한 것은 결혼 일 년 후 부터였다. 첫 아이가 태어났으나 자주 위통이 있어 고생을 하였다. 그것을 알고 친정 맏이오라버니가 빨리 병원을 가자하여 인근 도시의 대학병원에서 진찰을 하고 고통스런 위내시경을 했으나 아무런 증세가 없다고 하였다. 그 당시 병원에서는 스트레스성을 알지 못하였고 의사선생님은 오히려 그렇게 아픈 이유를 모르겠다며 병이 아님으로 판단하였다.

아무 병명도 없는데 삼사일이 멀다하고 찾아오는 위경련을 참고 견디며 살고 있었다. 그날도 아내가 아픈 것도 모른 채 자정이 넘고 새벽에 들어온 남편은 못 먹는 술을 먹었다고 금방 잠이 들어버렸다. 야속한 생각을 할 겨를도 없이 배를 안고 담을 타고 크는 넝쿨 장미가 꽃잎이 바람에 찢기지 않으려고 고개를 이리저리 돌리듯이, 잘 익은 사과가 강풍에 떨어지지 않으려고 안간힘을 쓰듯이 배를 안고 아파하고 있었다.

맏동서의 무분별 언행으로 남편의 신뢰도 무너지기 시작하였고 시가집과의 가족관계를 온갖 수법으로 칼질을 하여 상처로 인한 병으로 고통을 받고 헤매고 있을 때였다. 그런 고통의 시간에도 옆에 자고 있는 남편을 깨우거나 타박하지도 않았다. 시간이 얼마나 흘렀는지 모르고 밤이 새벽을 내다보는 시간 쯤 되었다.

어디선가 천사들의 합창소리 같은 아름다운 음악이 들리기 시작했다. 귀에는 너무나 고운 처음 들어보는 알 수 없는 음악소리가 배가 아파 잠 못 자는 고요한 새벽에 또렷하고 아름답게 들려왔다. 음악소리와 함께 아픈 배에 엄마의 따뜻한 손길이 닿은 듯이 사르르 나으면서 잠이 들었다. 잠을 깨고 보니 알 수 없는 신기한 일이라는 기분이 들었다.

남편에게 새벽에 들었던 음악소리로 아픈 배가 나으면서 잠이 들었다는 이야기를 했다. 그날 밤 저녁에 남편이 학교 숙직을 하면서 함께하는 동료 선생님께 지난밤에 있었던 아내의 이야기를 했다고 한다. 그 말을 듣고 동료 선생님은 본인은 인근 교회 장로이고 우리 교회에서 크리스마스 새벽송의 찬양이라며 교회에 나오면 아픈 것도 치료된다고 했다는 것이다. 그 후에 교회의 권사님들이 찾아와서 적극 권면했고 처음으로 성경책을 들고 신앙생활을 하기 시작했다.

은혜는 꽃물처럼

성경책을 들고 교회를 다녀도 주일날 교회 목사님 말씀을 들어도 무슨 말씀인지 이해가 안가고 생소하고 어색했다. 그러나 위경련의 고통이 항상 나를 따라 다녔기 때문에 하나님께서 고쳐주실 꺼라는 믿음 하나만으로 견디고 있을 때였다.

밤에는 콕콕 찌르는 배가 너무 아파서 누웠다 앉았다 하면서 배를 안고 고통이 심할 때는 죄도 없는데 배가 왜 이리 아프지,. 하면서 병원에서 이상이 없다는데 견딜 수밖에 없었다.

예수를 믿는다고 교회를 다녀도 주일 말씀만 듣고 이해가 안가고 사람들의 원죄가 무엇인지 무엇 때문에 죄인인지도 몰랐다. 그렇게 아무것도 모른 채 건성으로 일 년의 세월이 흐르고 있었다. 그럼에도 저의 집에는 하나님의 손길이 닿고 있었다. 학교 앞 사택에 시아버님이 다니러 왔을 때였다. 5살의 큰 아이가 사택에서 보이는 아파트를 가르키며 말했다.

"할아버지 우리도 저 아파트 하나 사주시면 안돼요."

아이는 할아버지가 재력이 있다는 걸 알아보기라도 했듯이 그런데도 할아버지의 대답이 그런 집을 어떻게 사겠냐고 하였다. 그런 환경이었기에 아파트는 꿈도 꾸지 못하는 시기였다. 그 후 어느 날 남편의 학교 선생님이 우리 집에 돈을 빌리러 왔다. 새로 짓는 아파트를 사는데 계약금이 필요한데 급해서 그렇다고 했다. 그 돈을 빌려주고 나도 그 아파트를 사고 싶다는 생각을 하게 되었다.

울산시 공업 탑 로타리 신정동의 금탑 아파트를 사려면 우리가 가진 돈으로는 모자라는데 은행융자도 보태서 할 수 있다고 하니 될듯해서 우리도 집을 사자고 남편에게 말했다. 그러나 우리 형편에 아파트를 어떻게 사느냐고 엄두도 못 낸다고 했다. 그래도 내가 벌어서 보탤 테니 집을 사자고 했다. 겁도 없이 집을 사자고 한 것도 큰 아이가 아파트를 사자고 한 것이 큰 원동력이 되었다.

아파트를 산다고 하니 사업을 하는 친정 오라버니가 우리들의 돈을 불려 주기위해 가져갔던 돈에 이자를 듬뿍 붙이고 또 이유 없는 목돈을 보내주었다. 원금만 계산하고 있다가 듬뿍 보내준 돈을 보태니 힘이 나서 아파트를 계약하러 갔다. 그 당시 5층 높이의 아파트 로얄 층은 2,3층이었다. 2,3층은 모두 팔렸다며 그러나 햇볕 잘 드는 4층을 사라고 권했다. 원래 무섬증이 많고 여린 마음에 몸이 아프니 4층은 올라가면 내가 죽을 수도 있다는 생각을 하게 되었다. 망설이다가 우리아이들이 아직 어려서 4층은 오르내리기에 어렵다는 답을 하면서 1층을 사겠다고 했다. 그리고 그 당시는 아파트를 사는 순간부터 가격이 내린다는 시절이었고 선호하지 않은 1층을 샀음에도 이사를 한 후에 일 년이 조금 지나자 가격이 두 배 이상으로 올라 있었다. 그렇게 시작한 아파트 생활은 편하고 좋았지만 1층은 오후에 거실에 햇볕이 안 드니 겨울에 추운 것이 흠이었다. 그래서 집을 팔아야지 하는 마음을 먹었다. 그러나 1층이라 잘 안 팔리면 어떡하나 걱정을 하면서 기도를 해야 되겠다고 생각했다. 기도할 줄도 모르는 시기라 서론의 회개도 감사도 없이 그냥 벽에 기대고 서서

"주님! 우리 집 매매를 도와주세요."

하고 있는데 딩동! 딩동! 현관 벨이 울렸다.

집을 팔려고 한 것이 어제인데 사람들이 집을 보러왔다. 안방과 거실을 둘러보더니 곧 사겠다고 하였다. 그 시간은 햇볕이 아주 잘 드는 오전 시간이었고 깔끔하게 정리정돈 되어 있는 집 내부를 보고 매수인의 맘에 들지 않았나 싶다. 그 당시에 자주 몸이 아파도 하루라도 집안 청소를 구석구석 하지 않고는 못 견디는 성격이었다. 온 집안의 청소와 정리를 하고 음악을 들으며 책을 읽어야 머리에 들어오는 것이 내 삶의 방식이었다. 아이들 유치원 엄마들을 만나면 얼굴의 화장과 외모를 가꾸면서 집안은 늘 엉망진창이구나 하는 걸 보았다. 가정주부가 해야 할 우선순위로 가사 일 열심히 하는 것은 어쩌면 본질에 충실한 것이고, 가사 일은 안하고 내 몸을 아끼고 외모를 가꾸는 일은 비 본질을 따르는 것처럼 보이지만 이것은 개인의

살아가는 방식일 뿐 어느 것이 옳은지는 모른다. 그러나 갑자기 집을 팔려고 하는 일에 평소 가사 일을 열심히 본질에 충실했던 것이 도움이 되었다는 것은 사실이었다. 그 사람들에게 미련 없이 아파트를 팔고 새로 지은 주택을 사게 되었다.

마당과 거실에 햇볕 잘 드는 남향에다 대문은 도로변 동쪽이고 백양아파트가 내려다보이는 언덕위에 대지 63평에 건물 25평의 주택은 우리에게 너무 과분한 집이었다. 지금 생각하니 세상물정 아무것도 모르는 30살에 아파트를 사고 2년 후에 팔고 새로 주택을 사게 된 것은 재산가치도 훌쩍 높아졌고 어디서 왔는지 알 수 없는 감사한 일이 생겼다.

우리가 거주할 집하나 스스로 장만한다는 생각임에도 새로 사는 주택은 가격이 훨씬 높았고 모자라는 금액은 또 친정오라버니의 도움이 있었다. 그래도 좋은 주택의 주인이 집값의 훨씬 낮은 가격으로 우리에게 팔겠다는 과정과 환경을 만들어 가시는 건 분명 보이지 않는 그분의 손길이 있었기 때문 이었다.

교회를 다닌 지도 얼마 되지 않았고 말씀도 이해를 못해서 걸음마 수준 아이의 입술로 하나님을 부르기만 하였는데 은혜를 꽃물처럼 부어주신 것이었다.

3. 보암직한 세상은

뭐, 하자고 그러지

새로 구입한 주택은 땅도 가로 세로 반듯하고 마당이 넓으니 정원사를 불러 이끼가 파랗게 살아있는 정원 석 돌들을 쌓고 사이사이에 연산홍을 심었다. 화단 가운데 동백꽃을 심고 모퉁이에는 모과나무 앵두나무 포도나무를 심어놓고 마당에는 잔디를 깔고 징검다리를 놓았다. 아침에는 나무들에게 긴 호스로 물을 뿌리며 도심 속에 좋은 정원이 있는 집에 살게 되었다.

아래로 보이는 태양아파트 사람들은 우리 집을 '언덕 위 하얀 예쁜 집'이라 부른다 하였다. 보잘 것 없는 학교사택에서 신혼살림을 시작한 우리 식구들은 꿈도 꾸지 못한 마당 넓은 집에서 살게 되었다. 그 집으로 이사 간 이듬해 봄에 큰 아이가 초등학교에 입학을 하였다. 마당에 파란 잔디가 자라고 돌 사이의 연산홍은 색색으로 피고 접 동백은 흐드러지게 빨갛게 피어 눈길을 끌고, 앵두도 몽글몽글 연두색 열매이더니 어느새 오동통 얼굴이 발갛게 익는 여름이가고, 키 큰 모과나무에서는 주먹보다 큰 모과도 노랗게 물들어가는 계절. 어느새 이웃사람들이 오가며 대문 넘어, 담 넘어로 얼굴을 익히고 마을 사람들이 친구하자고 너도나도 들락거리기 시작했다. 하루를 시작하는 아침부터 가사일과 마당잔디와 화단의 꽃과 과일나무들을 돌보며 부지런히 가꾸니 잘 자라는 꽃과 과일이 주는 기쁨을 얻기도 했다. 담을 낀 옆집에는 고스톱을 치려고 동네방네 아주머니들이 모여 오전10시부터 오후 5시까지 남편들이 퇴근 전 까지 앉은자리에서 엉덩이 불나는 줄도 모르고 하루해를 보낸다. 또 그 당시에는 사교춤을 배우는 것이 유행처럼 춤 선생님이 마을마다 와서 아주머니들을 모아놓고 가르쳐 주고 있었다. 그래도 어쩌면 교과서처럼 살고 있는 나를 이웃의 친구들은 가만히 두지를 않았다. 이런 저런 취미와 재미로 모인 사람들은 나를 이집에 와라! 저 집에 와라! 정신없이 부르며 마알간 미소로 날마다 손짓을 했다. 어느 날 다급하게 부르는 친구를 따라

"뭐, 하자고 그러지.."

하고 가보니 춤을 배우라고 하였다. 그 자리에서 낯선 선생님이 어리둥절한 나의 손을 이끌고 밀고 당기며 스텝을 가르쳐 주었다. 삼십 초반의 젊은 나이에 긴 다리로 몸도 유연하게 뱅글뱅글 돌아가는 것이 금방 배울 것 같고 화투도 하자면 못할게 어디 있겠으며 세상은 온통 붉은 재미로 살자는 것이었다. 그럼에도 아침에 남편과 두 아이들을 학교를 보내고 놀자면 놀겠지만 모든 것을 멀리하고 가사 일을 열심히 하면서 아이들을 돌보고 이웃을 다니지 않았다. 그러나 남편은 학교에서 오후 5

시에 퇴근을 하고 남자 교직원들과 모여서 당구를 하고 새벽 한 두 시가 되어야 돌아오곤 했다. 그 당시나 지금이나 학교 근무기간은 늦어도 4~5 년의 간격으로 전근을 하는 근무형태였다. 새로운 근무지 학교마다 남선생님들은 모여서 당구를 하거나 바둑을 하는 곳도 있었고 화투를 치고 놀기도 하여 가는 곳마다 방탕한 끼가 없는 곳이 없었다.

퇴근을 할 시간 저녁밥을 지어놓고 기다리다 전화를 하면 당구장에서는 사람들이 웅성이고 당구공 똑딱, 똑딱 소리가 선명하고 남편의 음성이 들린다.

"여보! 미안해 조금만 아니 30분만 기다려요."

대답과 사람들 소리와 분위기의 느낌은 이미 게임이 한참인 것이다. 기다리라는 시간이 몇 배 지나도 오지 않아 다시 전화를 하면 여전히 똑딱이는 당구공! 소리가 들리고 이제는 다급하게 한 시간만 기다려 달라고 너무 미안해하는 것이다. 또 참고 있으면 시간이 갈수록 감감무소식이다. 그렇게 밤이 깊어지면 미우면서도 무슨 일이 생기기라도 한건 아닌가하는 불안한 생각도 머리를 떠돈다. 긴 시간을 지나고 새벽이 되어서야 황급하게 들어오는 것이다. 정신없이 밖에서 놀면서도 당신을 사랑한다! 미안하다! 하는 말과 무슨 일이나 잘하는 당신이 최고! 라며 달래는 말은 늘 간섭받지 않고 자유롭고 싶었던 것이었다. 어떤 반찬이나 음식을 해주면 늘 맛있다 하여 정말 내가 반찬을 잘하는 줄 알았고 무슨 일을 해도 칭찬해주니 진짜 뭐든지 잘하는 사람으로 착각했던 적도 있었다. 집안에서는 늘 장난을 좋아하고 졸졸 따라다니는 남편이었기에 그런 남편을 완전 미워 할 수도 없으니 그렇다고 늦은 귀가의 빈자리를 좋아 할 수도 없었기에 믿고 기다리면서 지쳐 있을 때이다.

이웃 친구들은 저녁마다 디스코텍 고고 씽! 춤추러 가자며 나오라고 전화를 한다. 아이들을 잠재우고 나오라고 하지만 나 혼자 재밌겠다고 아이들을 속이지는 못한다. 그 유혹을 뿌리치는 것은 오직 집에도 없는 남편을 핑계 삼았다. 당구 게임에 푹 빠져 있는 교직원들을 우리 집에 와서 놀고 있다는 말을 하고, 몇 시에 올지도 모르는 남편을 지금 퇴근하여 저녁밥을 챙기는 중이라 나갈 수 없다고 그렇게 세상유혹을 뿌리치고 있었다. 이웃들은 낮이나 밤이나 벌떼처럼 왕!왕! 거리며 함께 놀자고 나오라고 수없이 손짓하였으나 꼼짝도 않으니 어느 날 친구가 전화기에다 남을 빗대어 욕을 하며 수화기를 끊었다.

그 후로는 칠 흙같이 어두운 별이 빛나는 밤에 꿈꾸는 쌍쌍파티의 잘나가는 사모님들의 즐거운 이야기를 들려주곤 했었다. 마치 봄 동산 화사한 꽃향기 품고 오색 풍선처럼 재미난 일들은 솔솔 바람을 타고 이웃으로 퍼진지가 오래 되었다.

그런 어느 날 갑자기 동네가 어수선해졌다. 나와 함께 놀자던 동갑내기 체육관 관장 사모는 남편에게 얼굴을 맞아서 퉁퉁 부어 집밖에 나오지도 못한다 하였다. 잘나가는 회사 간부의 아내도 이혼한다는 소문이었다. 이웃이 술렁거리고 마을 어귀에서 사람들은 수군 수군거리고 있었다. 큰 가로수 나무들이 강풍에 뿌리 채 뽑히는 것처럼 우지직 소리가 나고 휩쓸고 지나가는 태풍의 위력 같은 느낌이 들었다.

보암직하고 먹음직도 한 달콤한 유혹으로 이웃 친구들과 사람들에게 다가온 사탄은 좋은 기분으로 취하게 하여 결국은 가정을 파괴하는 대형 사고를 만들고 말았다.

우리 집 역시 달콤한 솜사탕처럼 다가오기도하고 때로는 찰랑찰랑 창문을 흔드는 부드러운 바람소리로 속삭이고, 거부하기 힘든 고운 입술의 미소로 유혹하고, 철 대문을 흔드는 벨소리가 수십 번 강타하였음에도 여리고 약한 마음 흔들리지 않게 안전하게 보호해 주신 것은 그 분의 보호와 손길이 있었다는 걸 깊이 알게 하는 큰 사건이었다.

돌아오지 않는 강

남편의 빈자리로 가슴앓이를 하면서도 학교주변에 가서 놀이를 방해하지도 않았고 더구나 든든한 배후인 친정 오라버니에게도 남편의 습관을 말하지 못했던 것은 남편의 인격에 손상을 입을까봐 숨기고 살았다. 그런 환경과 습관을 당연시하는 남편을 참고 기다리는 것도, 주위의 세상 재미나고 화려한 꽃놀이를 뿌리치고 자리를 담담히 지키기엔 너무 젊고 참을성이 부족한 나이였다. 참다못해 위기를 경고하는 말을 했다. 당신처럼 나도 바깥에서 놀아도 되겠냐고 했더니

"그래, 그래 당신도 놀아요."

너무 쉽게 답을 하면서 당구장에도 놀러오라고 했다. 세상의 놀이가 가정과 사람을 파괴시키는 것조차 모르는 철없는 말은 당구놀이에 깊이 빠져 있을 때라 간섭받지 않아도 될 것이라는 속내였는지 모른다. 어쩌면 남편은 세상놀이에 빠져 있어도 아내가 가정을 지키고 있으니 아무 탈 없이 바르게 돌아간다는 사실 조차도 모르고 하는 말이다. 이미 문을 활짝 열렸고 나에게도 세상을 짝하며 활활 타는 젊음을 노래하며 춤추며 살아도

되는 공간이 놓여 있었다. 그런 기회임에도 맘대로 함부로 살아서는 안 되는 것을 알고 있는 철든 여자였다.

무슨 일에든지 생각하고 그 후에 일어날 일을 생각하고 위험성과 피해 등을 고려하다보니 아무것도 실행하지 못한다.

그렇게 무수한 젊은 날들 회색빛이 흐르는 안개 자욱한 강변처럼 돌아오지 않는 환경이 미웠다. 그래도 참아야만 했던 단 하나 이유는 아이들의 엄마이기 때문이었다. 또 한편은 남편의 인격의 손상을 염려 했던 것도 지금 생각해보니 쥐가 고양이를 염려해주는 꼴의 생각을 하고 있었다는 비유가 맞을 듯하다.

그런저런 아무도 모르는 아픔을 그래도 하나님은 보상해주셨다. 학교에서 돌아오는 두 아이의 성적은 나란히 늘 최상이었다. 아이들이 공부를 잘해도 이웃이나 주변사람들에게 말하지 않았다. 어느 날 교회의 집사님이 우리 집을 왔다가 책상서랍에 있는 소지품을 찾으며 두 아이의 성적표를 보고 깜짝 놀라는 말을 했다. 아이둘이 공부를 똑같이 이렇게 잘하냐면서 정말 아무 걱정이 없겠다며 진심으로 부러워하였다. 아이들이 대학 원서를 넣고서야 나와 가장 친하던 이웃언니가 아이들이 그렇게 공부를 잘했냐고 놀라기도 했다. 남 보기에는 넓은 마당의 주택에다 가정을 소홀히 하는 남편의 일을 모르니까 그런 말을 할 수도 있었다. 그러나 숨어있는 마음을 열어 보이지도 못하는 것은 오로지 남편을 두둔하려는 마음 그것뿐이었다. 내가 행복해 보이려는 가식적인 마음은 전혀 없었다.

오히려 그런 오해를 하는 집사님한테 진실을 말하지 못함이 미안했다. 그즈음 모든 일들을 주위의 가족들에게 말했더라면 무슨 결과가 있었을까, 불 보듯이 칼같이 곧은 성격의 호랑이 오라버니들이 가만있지 않았을 것이다. 아마도 서로에게 큰 상처를 입히고 불신하는 관계가 되었을 것이다.

그렇게 늘 남편을 배려하는 마음으로 혼자 참기만 했었다. 우리 집 형편을 모르는 친정에서는 언제나 남편을 최고 좋은 사람으로 최고의 남편감으로 칭찬하며 점잖고 훌륭한 인격자로 믿어 주었다. 지금 생각하니 이런저런 마음이 너무 깊어 남편을 두둔 했던 것의 원동력은 있긴 하였다. 결혼 전 오직 나에게 쏟았던 지극정성의 사랑 표현이 진심으로 착하다는 인식을 머리에 심어두었던 것이다. '저 사람은 좋은 사람이었어.' 라고 생각하면서 자신은 힘들면서도 참고 견디기도 했었다.

그래도 언제나 꿈과 희망처럼, 두 아이는 말 잘 듣고 온순하고 참으로 고마웠다. 뒤 돌아볼수록 그렇게 가정을 온전히 지키게 하신 것은 그 분의 섬세한 도우심과 손길이었고 사랑과 은혜였음을 깊이 알게 되었다.

남편을 따라온 괴물

우리가 사는 집은 도로변이고 계단 5개를 올라와 스텐대문으로 벨은 거실로 연결되어 있었다. 거의 매일 늦게 오는 남편이 대문을 열기에 편하도록 되어 있었다. 열쇠를 대신하여 안 보이는 고리를 대문 안쪽으로 연결하여 바깥에서 살짝 당기면 대문이 열리도록 사용하고 있었다.

그날도 밤은 깊었는데 남편이 오지 않아서 깊은 잠을 못자고 수잠을 자고 있었다. 대문 당기는 소리가 조용한 안방에 금고문 여는 소리처럼 선명하게 찰깍! 들리는 것이었다. 갑자기 대문이 눈앞에 환히 보이는 것이었다. 남편의 발이 마당을 들어서는데 발자국을 따라 까만 형태의 작은 키 어린아이 하나가 안으로 쏙 들어오는 것이었다. 비몽사몽으로 보인 것이지만 또렷이 지금도 생생하다.

남편이 마당을 지나 현관을 들어서고 마루를 거쳐 샤워실로 들어가는 소리가 들렸다. 그러는 사이 안방 여닫이 문 앞에 상상도 못할 커다란 몸집에 큰 머리에 뿔이 이리저리 솟아나 있고 이빨이 길게 튀어나온 엄청나게 무서운 괴물이 떡 버티고 서서 나를 쏘아보는 것이었다. 들어올 때는 작은 키의 아이더니 갑자기 아무도 덤비지 못할 큰 덩치로 변하여 먹이를 쳐다보듯 쏘아 보고 있었다. 갑자기 나타난 괴물 앞에 모기처럼 작아진 나는 벌벌 떨고 있었다. 그러잖아도 무섬 잘 타는 사람이라 입에서는 말이 나오지 않고 기어들어가는 목소리로

"여어보오,, 여보오. 저기.. 저기!"

하면서 소리를 쳤다. 벽 하나의 샤워 실은 물소리만 들릴 뿐 대답이 없고 일어나지도 못하고 누워서 몸부림을 치고 있었다. 그래도 괴물은 한 발짝도 물러가지 않고 문 앞에 버티고 서서 나를 요리할 태세였다. 그래도 선뜻 덮치지 않고 있어 고양이 앞에 쥐 떨듯이 공포는 더 심해지고 있는데 샤워를 마친 남편은 여유 있게 불을 켜고 안방으로 들어왔다. 그제서야

"괴물! 괴물이! 문밖에 있어 목사님.. 모시고 기도해야 된다."

고 다급하게 말했다. 남편은 생뚱맞다는 표정으로 밖에 뭐가 있냐고 아무것도 없다며 한밤중에 무슨 목사님을 부르냐면서 아주 싱겁게 말을 막았다. 그러고 보니 시간이 엄청 늦은 한밤인데 목사님을 부를 수 없다는 것을 알았다. 겨우 진정을 했으나 조금 전의 광경이 괴롭혀서 잠을 이루지 못하다 잠깐 잠들었는데 너무 생생한 꿈을 꾸었다.

"담하나 옆집 이웃에서는 날마다 사람들이 모여 화투놀이에 빠져 있는 동갑내기 아주머니가 평소처럼 웃으면서 다가와서

좀 더 다정한 친구가 되자며 가까이 와서 어깨동무를 하며 팔을 올렸다. 쌩긋 웃으며 다가오던 얼굴이 갑자기 험상궂은 도깨비 얼굴로 바뀌고 손가락은 손톱이 긴 송곳처럼 날카롭게 변하더니 내 목을 단번에 찌르려고 하였다. 너무 갑작스런 공격을 피할 수도 없어 아!아! 하는데도 멈추지 않고 조여 오더니 목에 바늘 손톱이 닿으려고 하는 순간 어디서 왔는지 갑자기 큰아이가 뛰어와서 그 마귀를 발로 힘껏 차는 것이었다. 8살 어린이의 발에 어찌 그런 힘이 나왔는지 마귀의 몸통이, 힘껏 달리는 말 등에서 사람 떨어지듯이 벌렁 떨어지고 나는 안전해졌다. 그런데 아이가 팽이 돌듯이 그 자리에서 비틀비틀하여 넘어지기 직전이었다. 깜짝 놀라며 잠을 깼다."

꿈이 너무나 이상해서 작은방으로 뛰어가 잠자는 아이를 만져보니 머리에 열이 펄펄 나는 것이었다. 에구머니나 이를 어째 하면서 아이를 깨워서 물어보니 많이 아프다는 것이다. 물수건을 머리에 얹고 안절부절 하다가 날이 새고 병원으로 달려갔다. 병원에서는 대수롭지 않게 감기라고 하였다.

간단한 치료와 약을 가지고 집으로 왔는데 낫지 않았다. 이틀을 병원을 다녀도 열이 내리지 않고 안절부절 못하다가 연세가 있으신 소아과 의사선생님이 있는 병원을 갔다. 이리저리 상세하게 진찰해보더니 종합병원으로 가보라는 것이었다. 소견서를 가지고 갔더니 검사실에서 어린것의 등에다 주사를 꽂아 피를 뽑으며 여부를 검사를 하더니 입원을 하라는 것 이었다.

입원이라는 소리를 듣고 부산 큰 병원으로 가겠다고 했다. 다급하게 교회 목사님께 기도를 부탁한다고 알렸더니 부산에 가려면 침례병원 내과 과장님의 번호를 주시면서 조카사위라고 하셨다.

아이의 팔에 링거를 꽂은 채 울산에서 택시를 타고 부산으로 달렸다. 차로 밀리지 않으면 약 40분의 거리인데도 멀기만 하고 부산시내에서는 차가 밀려서 마음이 안절부절 하였다. 숨이 막힐 것 같은 긴 시간이 지나고 겨우 도착했다. 병원접수를 하면서 내과 과장님을 찾으니 즉시 응급실로 들어갔다.

검사실에서 초음파 사진을 찍는 시간이 길었다. 제발 아무 일 없기를 고대하였으나 의사선생님은 어떻게 이렇게 심하도록 있었냐고 했다. 이런 경우에는 어른도 못 견딜 만큼 머리가 아픈데 어린 아이가 어떻게 참았는지 알 수 없다며 담당 여의사님은 삼 사 일내에 죽을 수도 있고 완쾌할 수도 있다고 담담히 말을 했다.

삼일 전에 감기라고 했는데 무슨 이런 일이 일어날 수 있는지 도무지 이해가 안가고 하늘이 무너지는 느낌 이었다. 내가 듣기로는 못 고친다는 말로 들렸다. 병실 바닥에 털석 주저앉아 옆 사람 체면도 없이 엉엉 울기 시작했다. 부산에 사는 친정 오라버니가 달려와서 과정을 지켜보고 있다가 울고 있는 동생을 보니 기가 막히는지 의사 선생님께 한마디 하였다.

"결과가 그렇더라도 직설적으로 말 하면 어떡합니까?"

정신이 번쩍 들었다. 저러다가 언쟁이 오가면 우리아이에게 치료에 피해가 있음 안 되겠다는 생각에 오빠의 말을 막았다. 그렇게 아이는 입원을 하고 병원의 의사 외에 하나님 의지하는 길이 나의 최선인걸 알았다.

기독 병원이라 기도실을 찾아 헤매는데 앞도 보이지 않고 걷지도 못하고 기어서 오고가는 사람들에게 부끄러운 줄도 모르고 이리저리 헤매었다. 묻고 물어서 들어간 곳이 일하는 청소부 남자들의 탈의실이고 약 먹은 물고기가 물가를 헤매듯이 정신없이 왔다 갔다 하다가 겨우 기도실을 찾았다. 그리고 무릎 꿇고 애절한 마음으로

"하나님 아버지! 우리아이 살려주세요."

그 한마디로 눈물만 흘렸다..

남편은 이웃 아주머니들처럼 사탄이 보여주는 보암직하고 먹음직해 보이는 세상을 좋아하다가 발걸음 따라온 괴물이 가정을 침범함으로 가족이 생사를 오가게 된 것을 똑똑히 보았는데도 원망하거나 따지지도 않고 주어진 운명처럼 현실을 극복하는데 주력했던 것이다. 어쩌면 당시 나이에 비해 참을성이 많았고 탓하지도 않았던 것이 오히려 흠이었다. 아프면 아프다 싫으면 싫다고 소동을 피우면 될 것을 그것은 부끄럽고 천한행동처럼 내키지가 않았다.

간절한 기도

아이가 입원한지 이틀째 울산에서 제일 성결교회 담임 김덕화 목사님이 부산 병원으로 오셨다. 아이를 잡고 강한 기도를 마친 후 남편의 손을 잡고 이제는 교회에 나와야 할 때가 되었다고 했다. 아이가 위급한 병원에서 변명도 못하고 앞뒤도 없이 안절부절 궁지에 몰린 남편은 꼼짝도 못하고 교회에 나가겠다고 약속을 했다. 그래도 아이의 증세는 호전되는 것 같지도 않고 마음은 천 갈래로 찢어지고 아침마다 진료회진을 오는 남자 의사선생님에게 애원을 했다.

"우리아이 살려주세요. 돈은 집을 팔아서라도 얼마든지 드릴테니 낫게 해 주세요. 우리나라에서 못 고치면 미국이라도 가서 고치도록 해주세요."

라고 붙잡고 늘어지는 나에게 의사선생님은

"어디에서도 구하기 힘든 최고 좋다는 일제 약을 쓰고 있으니 염려하지 마십시오."

위로를 해주셨다, 그래도 처음 진료한 여의사가 한 말이 귀에 맴돌아서 믿지 못하고 하루에도 몇 번씩 기도실을 찾아 울며, 울며 기도를 했다. 며칠 동안 오직 내 머리엔 아이가 살아나야 한다는 그 맘으로 남이보기엔 정신 나간 여자처럼 기도실을 들락거리며 간절하게 애절하게 기도를 했다. 하루가 천년 같고 가슴과 머리가 터지듯이 불안하고 왔다갔다 중심을 잡지 못하고 있었다. 그러는 며칠사이 옆 침대에 있던 백혈병이라는 어린이는 숨을 거두었다고 한다. 마음이 더더욱 조급하고 가만히 앉아 있을 수가 없었다.

온 몸과 맘이 벌에 쏘인 것처럼 가시가 돋아나고 안절부절 벌벌 떨리었다. 밤에는 잠을 자지 못하니 친정 식구들은 집에서 쉬고 오라고 하여도 한시도 병원을 떠날 수가 없었다. 응급실 옆 복도에 잠시 쭈그리고 앉아 있는 것이 전부여도 그런 조급한 시간 속에 내가 할 수 있는 것은 기도 밖에 없었다. 소식을 듣고 마산에 사는 손위 둘째 동서가 와서 아이 아픈 것을 걱정을 하면서 지금이라도 '남묘호랑개' 라는 신을 부르면 아이가 낫는다는 말을 하고 돌아갔다.

"하나님은 세상에서 가장 능력이 높으신 분이시잖아요."

하면서 투정을 하였다. 아이가 낫는 일이라면 못할게 없는 애미 심정뿐이었다. 시간의 틈새마다 드리는 간절한 기도 중에 예수님 얼굴형상의 사진에 환한 빛을 발하시는 것이 보였다. 그 날 이후에 아이가 신기하게 차츰차츰 나아지고 있었다. 그렇게 응급실에 입원한지 일주일이 지나고 기적처럼 병실로 옮기고 우리는 한 고비를 넘기었다. 병실에서 며칠을 보내고 보기에는 아직은 건강해 보이지도 않은데 병원에서 퇴원을 하라고 하였다. 퇴원한 아이가 꿈 이야기를 하였다.

"어딘지 모르는 낯선 곳을 말을 타고 달리는데 산을 넘고 골짜기를 지나 멀리멀리 갔는데 수염이 긴 할아버지가 너는 어린이가 왜 여기에 왔느냐고 물었다는 것이다. 이곳을 왜 왔는지는 모른다고 답하고 무서운 마음이 들어, 우리 집에는 엄마, 아빠도 있고 동생도 있다며 보내 달라고 말했더니 돌아가라고 하더라는 것이다. 그리고 멀리 멀리 갔던 길을 최고의 속도로 달려 다시 돌아왔다는 것이다."

그 어린 것의 기 막히는 이야기를 들으며 아이의 꿈이 무엇인지 몰라도 동화 같은 진짜 이야기였다. 지금도 그런 꿈 내용의 근거를 확실히는 몰라도 죽음의 문턱을 다녀왔다는 것이다.

그런 진실을 들여다보면 아버지가 세상의 오락에 젖어있는 것을 엿보던 사탄이 밤길의 틈을 따라 우리 집에 들어와 엄마의 생명을 위협했는데 죽을힘을 다해 사탄을 발로차서 물리치고 엄마대신 죽을 고비를 넘기는 고생을 한 어린 우리아들을 생각하면 지금도 가슴이 미어지도록 아프다. 그렇게 큰 아이의 갑작스런 열병으로 고통을 당하고 그 댓가로 아버지를 구원의 반열에 들어오는 기회를 만들어 주었다는 것이다. 한밤중 갑자기 죽을 위기에 빠진 엄마의 생명을 살리고 아버지를 구원하였다. 큰 아이가 아주 힘든 고통을 치르고 비로소 다윗 왕의 자손 '예수님 혈통'의 가정이 되었다는 것은 그분의 완전한 섭리였다.

이 땅의 왕이신 예수님은 낮은 곳 말구유에서 태어나시고 죄 없이 십자가의 고통을 겪으시고 피 한 방울의 남김없이 흘리신 댓가로 사람들의 죄를 사하시고 만백성을 구하신 것처럼 우리 가정의 구원의 도구로 어린 아들이 크게 희생한 셈이다. 그런 환경에서 나의 간절한 기도를 들으시고 하나님의 손길로 만지시고 회복하도록 도와주신 것을 깊이 깨닫게 되었다.

아버지! 감사합니다. 그 아이가 건강하게 자라서 K대 정치외교학과를 거쳐 지금은 미국에 있는 기업의 주재원으로 보내주셔서 근무 잘하도록 도우시는 걸 알고 있습니다. 그곳 미국의 생활도 아들의 장래에 디딤돌이고 장래의 훈련과정으로 꼭 필요한 필수코스로 이끄시는 걸 확실하게 알고 있습니다. 앞으로도 아들에게 부족하고 필요한 것들을 채우시고 다듬어서 요셉처럼 반듯하고 정직하게 용기를 불어넣어 주셔서 어느 자리에서나 아버지의 뜻에 맞도록 써 주시기를 바라옵니다. 생명의 주인이시고 스승이며 지도자이신 예수님을 늘 찬양합니다. 지금까지 인도해주시며 현재도 미래의 길도 환상으로 보여주시며 온전히 아버지의 길 탄탄하게 걷게 하시고 이끌어 가시니 감사합니다. 그리고 바닷물처럼 넓고 깊게 사랑합니다.

백향목 나무 아이들

젊은 나이에 멋모르고 결혼을 하고 임신을 하여 준비가 덜된 엄마에게 참 좋은 아들이 태어났다. 7월초 여름에 태어난 아이는 한 보름동안 더운 날씨와 바깥기온에 적응이 안 되는지 자주 울더니 장마가 오면서 시원해지니 순둥이가 되었다. 학교사택의 낮은 기와지붕과 갑갑한 방은 습도도 높고 후덥지근하여도 참아주고 밤에 자주 깨어 젖을 먹는 일 말고는 잘 놀고 착했다. 그러나 가사 일을 많이 해보지 않았기에 아이의 뒷바라지가 익숙하지 못했다.

청소년기를 지나고 숙녀가 되어서 서울 셋째 오라버니 집에서 그 당시 서울 운동장 옆에 자리한 미도파 백화점을 다니며 올케가 해주는 밥을 먹고 출퇴근하였다. 퇴근 후에는 차려 놓은 저녁밥을 먹고 밥 그릇 하나 씻어놓고 자는 것이 가사일의 전부였다. 그래도 이웃사람들은 그 집 시누이는 제 그릇 꼭 설거지 하더라고 칭찬을 했다고 한다. 그렇게 나 자신만을 위한 일 밖에 해본 적이 없어 결혼 후 모든 환경은 낯설었다. 시부모님과 함께 살지는 않아도 지켜야 할 도리가 많았다. 박봉으로 손아래 시동생의 대학 학비를 댈 만큼 부모형제 사랑 끔직한 남편을 따라 가을이면 밤이며 꿀이며 챙겨다드리고 시부모님 생신과 명절은 물론이고 여름, 겨울 방학에도 시가집을 가서 며칠씩 있다오곤 했다.

근무지 학교사택에 살기 때문에 남편의 밥을 하루세끼 지어야 하고 서투른 솜씨로 새로 태어난 아기목욕을 시키고 기저귀를 빨고 말리는 일은 생전 처음 해보는 최고의 노동이었다. 하루 종일 동동 거리고 하루라도 쉬고 싶은 마음 간절할 만큼 몸도 맘도 피곤하고 힘들었다. 그런 가운데도 아이는 포동포동 살이 오르고 방긋 방긋 웃으니 겨울을 이기고 봄에 피는 꽃처럼 환하였다. 피부는 나무의 연두색 새싹을 닮아서 날까, 다칠까 염려하며 보살피는 기쁨은 힘든 것도 잊게 해주었다. 어느새 몸을 뒤집고 기어 다니는 모습은 물에 동동 떠다니는 오리처럼 귀여웠다. 걸음마도 10개월 정도에 한걸음씩 걷다 넘어지면 오뚝이처럼 일어나더니 돌이 되니 제법 잘 걸어 다니고 순조롭게 잘 자라주었다. 말도 걸음마를 하는 동시에 껍질을 깨며 삐약! 삐약! 하는 병아리처럼 엄마, 아빠를 부르더니 금방 언어가 되는 것이었다.

이웃과 떨어진 학교사택에서 또래도 없이 키워서 다른 아이들보다 성장이 늦을 수도 있었는데 그 후에 알고 보니 오히려 다른 집 아이들의 성장기보다 우리 아이가 빠른 편이라는 걸 알게 되었다. 돌이 지나고부터는 학교 넓은 운동장에서 혼자서 잘 놀기도 했다. 한참 놀다가 부엌에 일하는 엄마를 찾아오면서 개구쟁이 흉내를 내며 살금살금 다가와서 놀려주기도 하는 장난꾸러기 행동을 하기도 하였다. 잠시 시장을 보러갈 때는 잠을 재워 모기장으로 덮고 시간상 혹시 깨어나는 때를 대비해서 새우깡을 한 봉지 곁에 놓고 간다.

'엄마가 섬 마을에 굴 따러 가면 아기는 혼자 남아 집을 보다가 바다가 불러주는 자장노래에 스르르 잠이 드는...'

자장가를 듣고 잘 자고 일어나는 착한 아이처럼 울지도 않고 엄마를 기다려 주기도 했다.

두세 살에는 운동장에 놀다가 저도 모르게 교무실을 놀이터처럼 뛰어 들어가다가 선생님들의 조용한 회의시간을 감지하고 문을 살짝 닫아주고 나간다는 것이었다. 4살이 되면서는 아빠가 수업하는 교실로 아무도 모르게 살짝 들어가서 맨 뒷자리에 앉아서 수업을 듣다가 세계 덴마크나라를 설명하는 아버지 수업을 듣고 그 당시 TV 선전으로 유행하던

"덴마크 식 비락우유! ~~"

라고 크게 외치는 소리에 학생들이 그제서야 아이가 와서 있었다는 걸 알고 한바탕 교실의 학생들을 웃게 만들기도 하였다는 것이다. 마을의 오가는 길에서 이웃 아이들 크는 과정을 들어보면 물건 가게를 지나 가다가 눈에 들어오는 것 갖고 싶은 것 사겠다고 길에서 딩굴고 울기도하여 엄마를 난감하게 하는 일도 많다는데 그런 행동 한 번 본적 없이 잘 자라서 초등학교

를 들어갔다.

한글도 금방 익히고 성적표는 올 최상이었다. 어릴 때부터 센스가 있고 행동을 가려 할 줄 알고 크게 훈계하지 않아도 되었던 아이였다.

이십 개월 후에 태어난 둘째 녀석도 성장기가 형처럼 잘 자라서 오직 구석구석 책읽기를 좋아하고 티브이 드라마에서 고운 한복 입은 할머니를 보더니 우리엄마도 늙으면 저렇게 좋은 옷을 해준다는 말을 하였다. 초등학교 입학을 하고 담임선생님이 엄마들을 청소하러 오라고 하니 손을 번쩍 들고

"우리 엄마는 아파서 청소를 할 수가 없어요."

라고 답했다며 선생님은 엄마를 보호해주는 말과 행동을 했다는 것이다. 책을 많이 읽더니 일기장의 글을 자유자재 표현을 잘한다고 칭찬을 하기도 하였다. 어느 날 두 아이의 학교에서 '아이큐! 검사' 를 했다고 한다. 그러려니 했는데 담임선생님이 남편에게 두 아이의 머리지수가 '똑같이 높다' 라는 말을 하더라는 말을 했다. 신기하다는 마음이 생기면서 애미인 나는 부족하나 사람을 지으시고 생명을 주신 그 분의 선물이라는 생각을 하며 깊이 감사하였다. 지금도 두 아이가 그분의 보호하심 속에서 '백향목 나무' 처럼 무성하고 왕성하게 성장하고 있다.

4. 꿈에 본 예수님

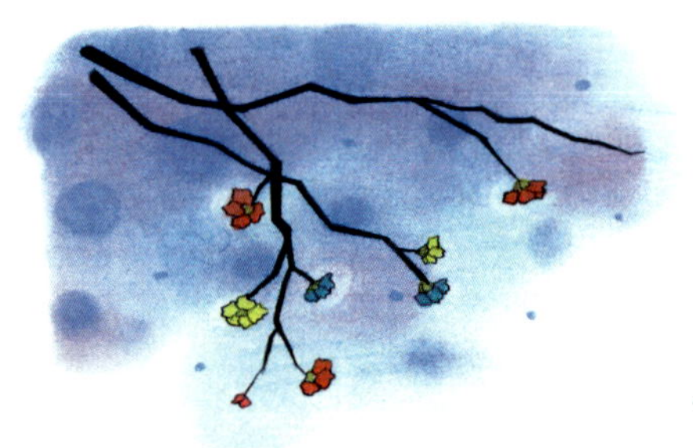

작은 여비

교회를 다닌 지 얼마 되지 않은 어느 날 밤 꿈속 이었다.

예수님이라시며 아주, 아주 키가 커서 다리 길이가 내 키보다 높아서 얼굴을 보이지 않았다. 말을 하는 도중에 여비가 떨어졌다고 하여 가진 돈 이 만원을 드렸다. 우리가 일상에서 잘 쓰지 않는 여비라는 언어가 꿈속에서 내가 들은 단어이다. 생각해보니 신기하게도 순수 우리말이라는 것이다.

지금은 생각할수록 꿈에서도 그렇게 작은 돈 밖에 드리지 못한 일이 맘에 걸린다. 왕이신 예수님께 드리는 첫 예물이었는데 그 작은 것을 드렸다는 게 아쉽지 않을 수가 없다.

작은 여비를 받으시고 곧 성큼성큼 앞서 걸어가시면서 따라오라고 하셨다. 발로는 뛰면서도 따라가기가 힘든 걸음걸이였는데도 놓치지 않고 나도 모르게 함께 가고 있었다.

산골짜기를 지나 산을 넘어 한참을 가시다가 걸음을 멈추고 어느 산등선에 묘지가 많은 장소를 가르치며 보라는 것이었다. 그곳에는 보자기를 덮어둔 묘지도 듬성듬성 있고 보자기 없는 것도 많았다. 분명 낯선 곳인데도 우리 어머니의 무덤도 보이게 하였다. 그런데 보자기가 없는 무덤 속에 있었다.

저기 보이는 보자기 덮은 무덤은 무엇이냐고 예수님께 내가 물었더니

"그것은 하나님 믿고 돌아가신 분들이라 휴거를 할 것이고 보자기 없는 것은 믿지 않고 돌아가신 사람들이라 버려둔다." 고 말씀 하셨다. 꿈속에서도 깜짝 놀라서

"아! 그러면 우리 어머니는 어떡해요! 어떡해요!"

소리쳐도 아무대답을 안하시며 걸어가시는 예수님의 뒤를 따라가다 꿈을 깨었다. 현실에서는 무덤속의 시체들을 살려서 휴거를 할 것이라는 말을 어떠한 해석도 어려웠지만 예수님의 그 말씀은 두고두고 머리에 떠나지 않았다. 그게 늘 마음속에 이해되지 않은 숙제였는데 성경을 읽다가 발견하였다.

에스겔 37장에서 '골짜기의 마른 뼈들을 향해 내가 생기를 너희에게 들어가게 하리니 너희가 살아나리라 그들이 곧 살아나서 일어나 서는데 극히 큰 군대더라'

골짜기의 죽은 뼈들을 살을 입히고 이뼈 저뼈가 서로 연결되고 가죽을 덮고 생기를 불어 넣어서 큰 군대를 일으키시는 소름 끼치도록 큰 권능을 부인하지 못하도록 꿈과 말씀에서 보여주셨다. 말씀을 보면서 꿈속의 말씀을 더욱 실감나게 하였고 죽음을 경험하지 않고 하늘로 간 '에녹' 같은 인물의 이야기가 믿어졌다. 사자굴과 불속에 던져진 '다니엘'이 머리털하나 상하지 않고 구출된 이야기가 신비스럽고 그 믿음을 찬양하게 되었다.

"나의 주! 그리스도 나를 속량했으니 나 십자를 벗은 후 저

면류관 쓰리.. 음~음!"

마리아의 오빠 '나사로' 를 죽은 지 나흘 만에 살리신 일을 읽고 듣고 놀랍고 놀랍다 하였다. 그런데 산골짝에 버려진 죽은지 오래 되어 뼈다귀만 남았던 군대의 무리를 일어서게 하시니 그 능력을 누가 입으로 말할 수 있으리요.

찬송을 나도 모르게 또 불렀다.

"만왕의 왕 예수께서 이 세상에 오셔서 만백성을 구속하니 참 구주가 되셨네. 내일 일은 난 몰라요. 장래 일도 몰라요.

아버지여! 팔 내미사 평탄한 길 주옵소서.."

소박한 단상

믿음생활을 한지 제법 지났다. 이제는 예수님의 뜻도 말씀도 어느 정도 알 것 같은 시기였다. 매사에 그 분의 뜻을 알고 싶은 맘이 있었다. 오래전 어느 날 밤 꿈이었다.

"산과 들도 보이지 않는 광활하게 넓은 대지라고 해야 하나, 하늘 끝이 어디인지도 모를 만큼 아득한 알 수 없는 곳이었다. 시야는 약간 옅은 안개처럼 피어나는 기류 속에 수많은 사람들이 해바라기 꽃씨처럼 촘촘하게 서서 큰 해를 바라보는 듯한 광경이었다. 가깝게 보이는 얼굴마저도 작은 동그라미처럼 보였다. 멀리 있는 사람들은 점을 찍은 것도 아닌 것이 모래알처럼 많은 무리의 작은 모습의 눈이 한 곳으로 집중하고 있는 것은 분명하였다. 여종이 상전의 손에서 무엇이 나올까 기다리는 것처럼 바라보고 있었다. 그런데 그 많은 사람들이 있음에도 웅성거리거나 몸을 움직이는 소리도 없고 주고받는 말의 소리는 들리지 않았다. 조용하다고 말하기보다 엄숙하였다. 그런 곳에 많은 사람들에게 잘 보일 만큼 높이의 단상이 보였다.

한 쪽 면은 가려져 있고 색상도 무색인데 나무인지 구별은 안 되고 나무처럼 튼튼해 보이기는 하였다. 전혀 꾸밈이 없는 한 사람 앉을 만큼의 넓이의 소박하고 무색의 단상이었다. 방석은 있었는데 눈에 띄지 않는 것임에 분명하였다.

예수님은 그 자리에서 사람들의 이름을 한 명씩 부르며 기도하고 계셨다. 세상에서도 꿈에서도 처음 보는 새로운 분위기에 놀라서 궁금하게 구경을 하고 있었다. 그런데 예수님은 그 많은 사람들 중에 세 번째로 나의 이름을 부르더니 기도를 해주셨다. 꿈에서도 깜짝 놀랐다. 이 많은 사람 중에 내 이름을 아시는 것은 놀라지 않을 수 없었다. 그리고 아무도 왜 그 사람 이름을 먼저냐고 따지는 사람도 없었다."

신기하고 알 수없는 꿈을 깨고 그냥 기쁨과 감사가 넘칠 뿐이었다. 어렴풋한 꿈이 아니라 스크린의 영화처럼 생생하고 상상도 못해봤던 광경이었다. 지금도 떠오르는 그 장관을 생각하면 신비스럽고 놀라운 일이다. 그 많은 사람들이 몸을 콩나물처럼 비좁게 서있으면서 꼼짝 안하고 불평 없이 서서 기다릴 만큼의 크고 비밀한 것이 예수님의 손안에 있다는 것이 분명한 나의 꿈의 해석이다.

요즘은 그때의 꿈을 떠올리며 예수님이 나의 행동을 보고 중보기도를 올리지 않고는 안될 만큼 급한 시기였을까? 아니면 나를 위해 기도해 주는 사람이 전혀 없으니 예수님이 급해서 대신해 주셨을까? 하는 여러 가지 생각으로 지울 수가 없다.

살아생전에 부모님이 믿지 않았듯이 주위의 친척들이 믿지 않으니 우리 가족을 위해 기도할 사람은 오직 나 한 사람뿐이라서 사탄의 공격도 많이 받고 힘이 드는 것 같아서 간혹 슬픈 마음이 들기도 한다. 그런 마음을 아시고 예수님이 확실하게 나의 중보기도자라는 것을 알게 하는 것이었을까? 만 가지의 마음으로 떠오르는 그 날의 모습은 꼭 집어 이것이라고 답할 수 없지만 그러나 확실하게 꿈속에서 너무 기뻐서 깜짝 놀랐고 어리둥절했지만 예수님의 기도 모습을 보고 힘을 얻었으며 기쁨이 넘쳤다. 그때 풍경을 정의는 못해도 넓은 광장의 많은 사람과 우뚝 보이는 단상에서 만백성을 위하여 기도하는 예수님은 판박이처럼 머리에 새겨졌다. 또 얼마 전 꿈에서이다.

"어디에선가 낯선 곳에서 사람들과 일을 하고 있는데 저쪽에 예수님이 오셨다는 말을 했다. 그 말을 들으며 하던 일을 마치고 가자하는 생각과 동시에 아니지 예수님이 가버리시면 안되지, 하고 달려가니 오르는 계단에서 사람들 속에서 대화를 하고 계셨다. 나도 모르게 손을 내밀며

"예수님! 오셨어요.."

라고 크게 인사를 했더니 긴 팔을 내밀며 내 손을 잡고 얼른 올라 오시어서 큰 품에 안고 꼬옥.. 껴안아 주셨다."

깊은 사랑의 기쁨과 감격을 느끼면서 꿈을 깨었다. 간혹 아주 귀하게 예수님과의 꿈속 만남은 영원히 지울 수 없는 나의 아름다운 이야기로 생생하게 남아있다.

5. 그리운 나의 어머니 율곡댁

한 마리 학처럼

사람은 본능으로 모태의 어머니를 좋아하고 사랑하지만 나는 유독 어머니를 좋아했다. 그것을 증명해주는 일이 있었다. 부산에서 책이 좋아 서점을 경영한 적이 있다. 학교 선생님의 부인으로 교회 권사님이고 서점 일을 많이 도와주는 분이 있었다.

맏딸인 그녀에게는 친정엄마가 건강하시니 가끔 이것저것 챙겨서 딸집에 오곤 하였다. 누군가의 맏이로 태어나는 것은 누리는 것이 많기도 하다. 부모님이 오래도록 곁에 계시기 때문이다. 그 집의 아이들은 외할머니가 와서 좋겠다며 진심으로 부러워했다. 그랬더니 뜻밖에도

"친정엄마가 뭐, 그리 좋냐, 나는 엄마를 좋아하지 않는다." 고 답했다. 겉으로는 온유하고 남을 잘 도우고 나이가 나보다 많았으니 나를 보고 언니가 되어 주겠다는 정도 있는 사람이었다. 속으로 이상하다하여 그 후에 진짜 그런가를 몇 번 확인해봐도 진심이라고 했다. 자랄 때부터 그랬다고 하는 것이었다. 성장기에 엄마와 딸에게 있었던 일을 대충 이야기하기도 했다. 그러는 어느 하루 책을 사러온 손님 아주머니가

"딸하고 잘 지내는 비법의 책이 있으면 달라."

고 했다. 뜻밖의 책 제목을 떠올리지 못하는 나를 보면서 하소연처럼 이야기를 시작했다. 본인은 남매를 키우는데 아들은 말을 잘 듣는데 비해 딸아이가 엄마 말에 항상 동이면 서에 가고 남이면 북으로 가는 청개구리 행동에 죽을 것 같다는 것이다. 매사에 뺀질뺀질하게 약을 올리는 행동을 한다는 것이다. 구구 절절 들어보니 그것도 정말 예사로운 일이 아니었다. 비로소 모녀지간도 사이가 아주 안 좋은 사람들도 있다는 것을 알았다.

그러고 보면 나 같은 경우는 환경과 느낌이 다르다는 것을 알았다. 일곱 아들 중에 딸 하나를 낳아 공들이고 키워 준 그 사랑이 보이고 함께했던 일상들과 소소하게 남겨준 기억과 추억은 그리움으로 다가온다. 어머니 오고가는 곳에는 이웃이나 절에나 늘 그림자처럼 따라다닌 기억이 있다. 학교를 가야하는 시간을 빼고는 세끼의 밥을 지어주는 부엌에서 엄마의 솜씨를 보며 자랐다. 큰 가마솥 가운데 소롯이 올라와 보기만 해도 윤기가 자르르 흐르는 쌀밥을 주걱으로 폭폭 떠서 아버지의 주발에 담아낸다. 반찬도 수저도 가장 좋은 것으로 차려진 밥상은 아버지부터 드리고 그 외 오빠들과 올케 가족들은 함께 앉아 둥그런 큰상에 둘러앉아 밥을 먹는다. 아침, 저녁 많은 가족들의 식사를 준비하고 설거지를 하는데 큰가마 솥의 안과 밖이 기름 바른 듯이 반들반들하였다.

마당은 티끌 하나 없이 말갛게 황토색의 흙으로 윤이 났다. 부엌으로 들어가는 입구 넓은 장독대는 햇볕에 반들반들 빛이 반사되어 눈이 부시었다. 그리고 짬짬이 베틀에 앉아 한 올, 한 올 베를 짜고 생산 작업을 하는 어머니 옆모습은 여성스럽고 아름다웠다. 그리고 짬짬이 어머니 무릎에 내 머리를 누이고 머리카락 속속이 뒤지며 벌레가 있나 살펴주시던 손길은 따뜻하고 시원하여 곧 잠이 들곤 하였다.

그런 일상의 하루해가 꼬리를 감추는 저녁 무렵이면 뒷집 아주머니는 율곡 댁의 된장 맛이 최고라며 냄비를 들고 오면 웃으며 큰 장독에서 노랗게 잘 익은 된장을 떠서 나누어준다. 또 미싱으로 바느질도 잘하는 어머니는 옷을 박는 실이 쓰고도 남는다고 이웃의 사람들에게 나누기도 하였다. 우리 집 울타리 도랑 건너 머리가 하얀 할머니도 입버릇처럼 좋은 사람이라고 하였다. 간혹은 어머니 외출하는 날이 있었다. 검고 긴 머리를 기름 발라 곱게 빗으며 머리카락 윤이 나고 여름에는 은색, 겨울에는 금색 비녀를 살짝 옆으로 꽂으면 단아하고 예쁜 모습이 되었다. 어느 겨울 머리단장을 마치고 보통 키를 살짝 넘는 키와 몸매에 한복을 입고 털이 뽀송뽀송한 크고 하얀 숄을 어깨에 살짝 두르고 길나서는 뒷모습을 보았다. 그 모습은 두고두고 떠오르는 것이 시냇가 나뭇가지에 한 마리의 학이 날개를 우아하게 멋있게 접으며 앉는 모습과 비슷했다.

간혹은 동네 마을 잔치에서는 한복을 곱게 입고 발은 사뿐사

뿐 내딛고 양쪽 팔은 목련 꽃잎이 날리듯이 부드럽게 그리고 오월에 피는 보라색 라일락의 향기가 옷자락을 타고 내리는 것처럼 사람들과 함께 고전 춤을 춘다. 어른들은 어머니의 춤을 보고 잘 춘다고 하여도 손을 붙잡고 늘어지며 춤을 못 추게 말리었던 기억을 하며 왜 그랬을까 싶다.

아버지의 심심찮은 간섭을 받으며 8남매를 키우며 고생하는 어머니의 반전모습을 이해하지 못했던 것이 미안하고 속상하기도 하다. 또는 긴긴 겨울밤 이웃집의 안방이나 우리 집에서 동네 아낙들이 어우러져 이야기하고 놀 때도 있었는데 친하고 분위기가 좋았다. 고향집과 어머니를 떠올리면 장독대 옆 담하나 사이에 옆집에는 석류나무가 있었다. 그 집에는 노란꽃술이 앙징스럽게 터지고 앵두를 닮은 붉은색 석류 알이 옹알옹알 톡톡 터지는 그 계절, 가을처럼 예쁜 석류언니가 있었다. 인품을 고루 갖추기도 했지만 목소리도 분위기 있고 정이 넘치는 사람이다. 여러 남매 중에 막내인 언니는 부모형제에게 사랑을 많이 받아서인지 성품이 아주 좋았다. 동네 친척이고 촌수로 부르는 호칭이 있어도 그걸 뛰어넘어 언니라고 부르래서 그렇게 불렀다. 온 동네 우리친구들 중에 나를 가장 좋아했던 언니! 내 마음의 고향이다. 몇 해 전에 보고 싶다고 전화를 하다가 언니는 유년기와 청년기 고향을 떠나 시집가는 날까지 늘 나를 특별히 사랑해주어 고맙다고 하면서 왜, 인지 물었더니

"너는 좋은 아이여서 그랬다."

고 지금도 변함없는 감사한 답을 했다. 그런 좋은 사람들이 살았던 고향사람들이 그리운 날이 있다. 그 속에 환한 인상의 천사처럼 좋았던 나의 어머니! 교훈 중에

"음식은 가려먹지 말고 잠자리는 가려자라"

고 했다. 그 뜻은 살아 갈수록 생각 할수록 깊은 맛이 있다. 그래서 더욱 빛나고 보기 좋은 귀한 '보석' 처럼 '한 마리 학' 처럼 우아하게 살다 가신 분이다.

고을 미인

우리 어머니는 웃지 못하는 사연을 안고 살았다. 초등학교를 다니면서 학교 앞 문방구에 학용품을 사러 갔는데 바지저고리를 하얀 모시로 깨끗하게 손질한 옷을 입고 얼굴이 깔끔하게 생긴 낯선 어르신 한분이 나를 부르더니

"네가 율곡 댁 딸이구나!"

생전처음 보는 사람이라 어리둥절하게 쳐다봤더니

"너의 어머니는 고을에 소문난 미인인데 너는 엄마를 반도 안 닮았구나."

하면서 웃으셨다. 그 말을 듣고 우리엄마를 미인이라 하였으니 모두가 좋아할 줄 알고 저녁 밥상 앞에서 낮의 이야기를 하고 있는데 곁에 앉은 엄마가 내 엉덩이를 꼬집으면서 말을 못하게 말렸다. 놀라서 얼굴을 쳐다보니 아버지가 들으면 안 된다는 암시를 했다. 그리고 5학년 새 학기를 맞는 봄에 담임선생님께서 우리 집에 가정방문으로 집으로 들어오시다가 어머니가 나오시는걸 보고

"와! 어머니가 참 미인이시다."

는 말을 했다. 그해 어머니 나이 49살이었는데 요즘처럼 가꾸는 시대도 아니고 화장도 안하고 집에 있는 평범한 모습그대로였다. 그 후에도 선생님은 종종

"어머니가 미인이더라.."

는 말을 하곤 하였다. 그러고 보면 사람들의 입에 오르내리는 외모가 문제였는지 아버지는 어머니의 행방을 자주 간섭하여 혼란을 주었다. 나랑 함께 가까운 절에 다녀왔는데 어디 갔다 왔는지 확인을 하던 아버지여서 괜스레 어머니 기분을 언짢게 하곤 했다. 어느 해 부모님은 이웃 마을 사람들과 더불어서 부부함께 여행을 다녀왔는데 큰소리가 들렸다.

아버지: "그 사람이 당신에게 왜 그렇게 친절 하더냐? "

어머니: "무슨 말씀인지 모르겠어요."

아버지: "해인사 절을 오르는 계단에서 그놈하고 마주보고 한참을 얘기하는 걸 보았는데도.." (제법 큰소리가 났다)

어머니: "여행을 함께 갔던 사람들과 인사하며 다닌 것 외에 그 밖에 별 다른 것이 없어요."

주거니 받거니 싸움을 했다. 잠시 후 조용해서 안방으로 가보니 아버지는 나가시고 어머니 혼자 해인사에서 기념사진으로 찍어온 사진들을 불태우며 소리 없이 울고 계셨다. 순간 마음이 아프고 아버지가 밉다는 생각을 했다. 그런 오해의 일이 있어도 곁에 있는 딸에게 하소연이라도 하면서 아버지 흉을 보아도 될 것을 한마디 말도 하지 않은 채 눈물을 거두시고 삭히시

는 걸 보았다.

아버지는 딸인 나에게는 인상한번 찡그리는 일이 없고 잔소리 한번 안하면서 즐거운 여행을 다녀와서 부부 싸움을 하는 것이 이해가 가지 않았다.

평소 우리 어머니는 집안일을 구석구석 돌보고 오직 자식들을 위해 기도하고 말없이 부지런하고 인정도 많아 나누기도 하였다. 이웃 동네 사람들도 시장 길에 오가며 만나기도 하고 절에서도 만나 잘 알고 있는 율곡 댁은

"참, 된 사람이다. 상큼하게 미소 지으며 인사하는 웃음이 목련꽃처럼 예쁘다."

하는 말을 자주 듣곤 했다. 세상을 돌아가시고 나서도 옆집 사람들도 이웃동네 아주머니들도 너희 엄마는 나무랄 데 없는

"참! 좋은 사람이었다."

라고 말을 했다. 그 말을 들을 때마다 가슴이 울컥울컥 치밀어 오른다. 차라리 어머니가 사람들의 기억에 그저 평범한 사람이어서 입에 오르내리는 일이 없었다면 자식들도 빨리 잊어버리기라도 할 것이다. 내가 본 어머니는 그림자처럼 발자국마다 따라 다녀도 누구와 다투는 것 본적 없고 남의 말 하는 것을 들어보지 않았다.

아버지의 엉뚱한 행동과 말도 하소연하지 않았고 말없이 맡겨진 일을 열심히 하며 혼자 견디며 살았다. 그래도 아버지는 가부장적인 권위를 누리었다. 서울 사는 셋째오빠도 엄마를 너무 좋아하고 늘 입에서 말씨, 솜씨, 맵시 우리엄마가 최고라며

무의식중에 올케에게 엄마가 하던 음식을 자주 찾다가 핀잔을 듣기도 하였다. 지금 그때 일들을 되돌려 생각하면 우리어머니는 아버지가 받들고 살아도 모자랄 만큼 착한 아내임에 틀림없었다. 그럼에도 남들이 미인이라고 하는 그 외모가 불안하고 누군가 훔쳐갈까 노심초사 했던 것 같다. 그래서 참 불필요한 간섭을 받았고 속을 뒤집어 보이지도 못하는 삶을 살았구나 하는 생각에 가슴이 미어지도록 많이 아프다.

세상에서는 그렇게 착하게 살다간 우리 어머니 율곡 댁은 말없는 행동 속에서 바르고 참되게 사는 것을 본을 보여 주신 것이다. 그렇게 올곧은 행동으로 착하고 바르게 살아도 예수님을 영접하지 못해서, 구원 받지 못해서, 천국에 없다면 불쌍해서 견딜 수가 없다. 예수님의 손을 잡지 않고는 갈수 없는 나라, 돈으로도 갈 수 없는 나라, 명예와 권력으로 갈 수 없고 오직 믿음으로 가기에 누구의 믿음으로 대신 할 수 없다지만

'나의 어머니 율곡 댁!' 은 딸의 간절한 소망으로 예수님의 특별한 큰 은총을 입어 휴거의 대열에서 꼭 볼 수 있기를 빌고 빈다.

보혈로 덮으시고

하나님 아버지! 저의 어머니는 살아생전 절에 가서 불공을 드리며 아버지의 뜻대로 살지 못했음을 딸인 제가 대신 고백합니다. 이웃 사람들이 착하고 좋은 사람이라 말하는 것처럼 아까운 사람인데 믿지 않아서 죄 사함을 받을 수 없다고 하면 너무나 큰일 입니다. 예수님을 영접하지 못해서 말씀을 모르고 돌아가셨는데 이 땅에서 하나님을 믿어야 구원을 받는다고 했는데 어쩐 답니까.

옛날에 살았던 우리 어머니는 복음을 듣지 못해서 믿지 못했습니다. 요즘처럼 교회도 많고 전도자가 많았다면 복음을 듣고 우리 어머니도 누구 못지않은 믿음 생활을 했을 거예요. 그 당시에는 우리나라가 고려 때부터 국교인 불교 사상으로 젖어 있어 땅을 지배하다보니 복음을 듣지 못하고 살았잖아요. 그 당시 되돌릴 수 없는 세월속의 뒤안길에 숨어버린 시절은 버리시고 형편을 살피시어 믿지 않고 돌아가신 우리 어머니의 죄를 용서하여 주십시요. 어머니에게 은혜를 단비처럼 부어 주시고 보혈의 피로 덮어 주시옵고 천국백성 삼아 주시기를 바라옵니다.

먼 후일 천국에 우리 어머니 없으면 나 너무나 외롭고 슬플 꺼에요. 그리운 나의 어머니와 이 땅에서 못 다한 이야기 나누고 싶은 게 너무 많아요. 그동안 어머니 그리워 흘린 눈물이 정말 많아요. 하나님 저를 딸이라 부르시잖아요. 딸의 이간절한 소원을 들으시고 우리 어머니 천국백성 삼아주시고 만날 수 있도록 도와주세요.

하나님은 온 우주의 주인 되시며 재판관인데 안 믿고 돌아가신 사람 구원하는 '임시특별법' 이라도 만들어서 우리 부모님 함께 구원해 주시기를 빕니다. 부디 불쌍히 여기시고 구원해 주세요. 딸 엎드려 간곡히 예수님 이름으로 기도 드리옵니다.

한 영혼을 천하보다 귀하게 여기시는 하나님은 지금도 변함없이 살아계셔 집 나간 자식 돌아오기만을 문 열어 놓고 계시므로 그 문으로 들어 갈 기회를 꼭 나의 어머니에게 주실 것이라 믿고 믿는 마음 간절합니다.

6. 우리 집 뜰에 친구가 있어요

서울 참새

우리 집 테라스에 산을 넘어 떠오르는
아침 햇살이 가득 해지면 넝쿨 장미가
봉오리 뽕긋 터뜨리고 인사를 한다.
반가운 마음에 얼른 창문을 열고 나가면 보라색가지 꽃이 활짝 웃고, 고추 꽃잎도 하얀 이를 드러내며 반갑게 맞이한다.
덩달아 상추 잎도 손바닥을 벌리고 악수를 청하고
뿌리에 열매를 주렁주렁 달고 있는 땅콩줄기와 아침 일찍 피는 호박꽃이 손뼉을 치며 합창을 하는 계절 여름 오뉴월은 바쁜 출근시간에 발목을 잡고 늘어진다.

어느새 쪼르르 참새 떼가 모여들고
저도요! 저도요! 함께 놀고 싶어요.
눈은 동그랗고 귓 뒤의 하얀 털로 멋을 내고 목이나 가슴의 부드럽고 뽀얀 선은 갈색 날개와 조화롭게
머리는 제비처럼 크지도 작지도 않아 예쁜 것이
다리는 가볍게 살짝 살짝 뛰면서

입은 쫑긋 부리로 먹이를 쪼으며 포르르, 포르르,
날렵하고 눈치가 빠르고 소리에도 민첩하게 행동하여
세상에 많고 많은 새들 중에 소박하면서도 귀엽고
똑똑한 참새! 그분의 훌륭한 작품이라는 생각을 해본다.

볼수록 얼마나 예쁜지 만지고 안아주고 싶어서
날마다 가까이 오라고
작년 가을에 시골서 구해온 참깨를 한 움큼
테라스 난간 위에다 주르르 부어 놓았다.

참새가 얼마나 좋아할까
금방 다 먹겠지 기대하면서
참새들아 어서 와서 먹어라.

하루해가 지나고 살펴보니 하얀 참깨가 그대로 있다.
뭐야! 이걸 왜 안 먹지?
아침 출근길 참새 떼가 와서 테라스 난간에 주르르 앉는 걸 보고 나갔는데 그대로 있다.

갸우뚱하며 날마다 마음을 졸이며 참새 떼가 와서
먹기를 간절히 기다렸는데 사흘이 지나도 아직도 그대로네.

며칠을 기다리다가 아니 그렇지, 쌀은 먹을 거야
쌀 한 웅큼 가져다가 쭈르르 길게 흘러 놓았다.
참새 떼들은 후르르 파다닥 날아들어도 또 먹지 않았다.

뭘 주어야 먹지? 고민하다가 이건 먹을꺼야
계란을 삶아서 노른자를 갖다 놓았는데
몇 번 부리로 쪼아보더니 입을 이리저리 닦아버리고 먹지 않는다. 하루해가 지나고 어디서 왔는지 개미떼들만 모여 들었다.

서운한 마음 실망하는 마음으로
세탁물을 찾으러 이웃의 세탁소에 들어가다 대뜸
"아저씨! 참새는 무엇을 잘 먹어요?"
뜬금없는 질문에도 너무 잘 아는 것처럼
"참깨를 잘 먹을 걸요."
"제가 참깨를 주고 쌀을 주어도 안 먹어서 속상해요."
"그걸 왜 안 먹지? "
고개를 저으며 웃는 얼굴로 나를 쳐다보면서
"서울 참새는 쌀도 참깨도, 안 먹어봐서 그런가 봐요"

어느 날은 동네 큰 도로 슈퍼 야채가게 앞에서
참새 떼가 쪼르르 날아들어 땅에 무언가 쪼아 먹다 사람들이 오가니 훌쩍 날아가기도 하였다. 땅바닥에 무엇이 있지, 살펴보아도 먹이라곤 보이지 않았다. 참새들아! 그러지 말고 우리 집에 오렴. 내가 주는 걸 먹어보면 고소하고 맛있단다. 그걸 딱 한번만 먹어보면 자꾸자꾸 달라 할거야. 진짜란다 믿어보렴. 그리고 너희들을 참 좋아하는 이유도 있어, 내가 참새라는 별명을 가졌거든, 아무도 모르는 비밀인데 말해줄게,

조롱박이던 꼬맹이 여자 아이가 학교를 무척 가고 싶다고 졸라서 초등학교 1학년에 입학을 하고 남,녀 학생 50명이 넘는 교실에서 한글을 읽을 줄 아는 학생은 몇 명 없었다. 담임선생님은 국어책을 들고 읽어 볼 학생 하며 우리들을 쳐다보면

"저요! 저요!"

손을 번쩍 들고 시켜달라고 했지. 우리 집에서처럼 거리낌없이 말이다. 그 때 선생님이 눈과 입이 빙그레 웃으시며

"참새야! 참새!"

"뭐야! 내가 들에 날아다니는 참새란 말야."

어린 마음에 상처를 입고 손드는 것을 자제하면서 담임선생님을 좋아하지 않았단다. 그 후 어른이 되고 생각해 보니 그 때 붙은 참새 별명이 얼마나 좋은지.

참새는 생김새도 귀엽고 동작은 날렵하고 눈치도 빠르게 행동하여 참 좋은 새라는 걸 알았다. 이제는 친구가 되고 싶은 마음이 간절해졌어. 너희들이 살고 있는 둥지가 어딘지 식구는 몇인지 이름은 무엇, 무엇인지 모두가 궁금하단다.

우리 집 테라스에 자주 오기도 하고 산길에서나 길거리에서

도 자주 볼 수 있는 참새가 많다는 게 얼마나 좋은지. 초등학교 때 참새 별명을 지어주신 담임하셨던 교감 박판석 선생님께 고맙다는 인사를 드리고 싶다.

초등 선생님을 떠올리니 4학년 담임선생님도 환히 기억이 난다. 제주도가 고향이라는 처녀 선생님(김조자)은 꼬맹이 나를 너무 귀여워해주고 데리고 시장도 보러 다니면서 사람들에게 동생이라고 소개해 주었다. 여선생님의 자취방에 며칠씩 잠도 같이 자고 식사시간에는 제주도에서 올라온 육지에서 보기 드문 큰 생선을 먹기도 했고 나를 동생이라고 했던 그 기억을 잊을 수가 없어. 꼭 한번 뵙고 싶은 선생님이다. 그리고 손위의 오빠담임 채 갑석 선생님도 종규동생이라며 복도 길 지나다 마주치고 부끄럽다 살짝 숨으면 내 이름을 부르며 이쁜 냄새가 난다면서 꼭 말을 걸어오고 장난으로 사랑해 주시었던 선생님들, 너무 보고 싶은데 어디에 사시는지를 모른단다.

그런데 너희 참새들을 만나니 1학년의 추억과 함께 어린 동심의 세계가 보이며 고마운 선생님들의 얼굴이 줄줄이 떠오르고 너무 기쁘고 감사하다. 그래서 더욱 너희들과는 잘 지내고 싶은데 어떻게 하면 되는지 생각을 알고 싶어.

하나님 아버지! 저 참새들과 우리 집에서 함께 살려면 어떻게 하면 되나요. 공중에 나는 새들을 먹이고 입히고 기르시니 방법을 아시잖아요. 가르쳐 주세요. 꼭이요.

테라스에 핀 장미

매년 오뉴월이 돌아오면 마을 담장에서 학교 옆 돌담길에서 피는 넝쿨 장미꽃은 온통 눈길을 끈다. 꽃이 필 때면 사춘기처럼 설레고 장미꽃 속으로 빨려 들어가는 기분이다.

유독 장미꽃을 좋아하는 이유는 붉은 색의 꽃송이기도 하지만 더 좋은 이유는 향기가 너무나 매혹적이다. 꽃송이 가까이 코가 닿으면 새콤달콤한 향기가 난다. 가을 날 사과나무에서 갓 따온 잘 익은 사과 맛처럼 은은한 향은 온몸에 전율을 느끼게 한다. 사람들도 벌과 나비도 좋아하는 꽃은 이름, 모양, 향기가 다양하다. 그 중에 장미꽃은 어느 꽃향기 보다 독특하고 상큼하여 마음을 매료시키기에 충분한 특징이 있다.

해마다 장미꽃 피는 때를 기다리곤 하면서 우리 집 담장에 피는 장미꽃을 보고 싶어서 장미를 심고 싶은 마음이 생겼다. 그러나 옛날처럼 마당 밟는 집이 사라져가고 아파트 문화에 살다보니 꽃 심을 장소가 없으니 아쉬움이었다. 그래서 요즘 유행하는 시외의 한적한 통나무집을 생각 해내고 공기 좋고 물 좋은 전원주택을 꿈꾸며 살아왔다. 그러나 낮에 보면 조용하고 경치 좋은 곳이 많으나 밤에는 깜깜하고 주위가 무섭다는 게 마음에 걸려서 결정하기 쉽지가 않았다. 그래도 미련을 버리지 못하고 꿈같은 정원을 그리고 살았는데 어느 시골 전원주택을 기웃거리다 주변사람들의 이야기를 듣게 되었다.

도시의 사람들이 처음에는 전원풍경이 좋아서 땅을 사고 집을 짓고 살다가 주위에서 자주 등장하는 쥐와 뱀들을 보고 기겁을 하고 도망을 간다는 것이다. 집을 버려둔 채 도망가는 사모님들처럼 심장이 약하면 좋은 곳도 무용지물이 된다는 것이다. 순간 정신이 번쩍 들었다. 나야 말로 무섬을 잘 타기로 유명하다. 그 꿈같은 풍경이라도 쥐와 뱀과 더불어 산다는 것은 생각조차 하기 싫다. 옛날에 산과 들에서 흔히 보았던 뱀 때문에 소스라치게 놀란 가슴이 지금도 지워지지 않아서 간혹 TV 속에 뱀이 나와도 감짝 놀라서 전원을 꺼버린다. 흙이 있는 곳에 나무와 물만 생각하고 생태계의 생존 여부를 까맣게 잊어버렸던 것을 깨닫고 오래도록 그리던 풍경을 접고 말았다.

그러던 어느 날 이었다. 지하철 역세권에 새로운 집 5층에 테라스가 넓어 마당처럼 닮은 집을 보게 되었다. 마음에 그리는 모습 장미와 채소를 심을 수 있어서 기대하며 이사를 했다. 겨울이 물러가지 않은 2월부터 햇살 따뜻한 봄날을 기다리며 테라스에 방부 목으로 사면 1미터씩 깊이가 80센티인 큰 화분 두 개를 준비 하였다.

사월을 맞으며 화훼단지로 달려가 어렵사리 찾은 묘목과의 넝쿨 장미 두 그루를 사오고 산에서 퍼온 흙으로 정성스레 심었다. 아침 일찍 일어나 물을 주면서 올해는 키가 자라고 내년에 꽃이 피겠지 하는 마음이었다. 그런데 기대보다 훨씬 빠르게 오월 말부터 신기하게도 망울망울 꽃봉오리가 맺히기 시작했다. 유월을 들어서니 한 송이 두 송이 장미꽃이 피기 시작했다. 상큼하게 피어나는 꽃잎이 얼마나 예쁜지 아침저녁 소녀처럼 들여다보고 좋아라했다. 그러는데 누가 시기라도 하듯이 뉴스에 여름 장마가 온다고 한다. 일기예보가 틀리지도 않고 오늘은 시커먼 구름과 비가 몰려오기 시작 했다.

후두둑! 세찬 빗방울에 예쁜 꽃송이가 떨어진다. 이를 어째 우산으로 가릴 수도 없고 안절부절 마음이 아팠지만 나는 아무것도 할 수가 없다. 안타깝게도 비에 떨어지는 꽃잎이 너무 가여워서 앉았다 섰다 하였다. 그저 간절하게 월말까지라도 비가 오지 말았으면 하는 바램으로 창밖을 내다 볼 뿐 이었다.

안타까워하는 마음을 아는 듯 신기하게도 저녁나절에 세찬 바람과 빗방울이 뚝, 그치고 날씨가 소강상태로 바뀌었다. 굵은 빗방울에 놀라 해쓱하던 장미꽃 들은 다시 아침 해를 머금고 활짝 피어 웃음꽃이 되었다. 잠시 비를 맞은 꽃은 신바람을 몰고 온 듯이 줄기가 쑥쑥 자라며 테라스를 타고 꽃송이는 바람을 타고 춤추며 방글방글 웃으며 향기를 뿜어낸다.

창문을 열어 놓은 채 새 꽃봉오리의 모습에 취해 있었다. 그렇게 한 달 가량 꽃잎은 싱싱하고 활활 타는데 하순부터 본격적인 장마가 시작 되었다. 또 비를 맞고 떨어지는 꽃송이, 피다 만 꽃봉오리가 아깝고 안쓰러웠다.

하지만 자연의 순리를 받아들여야 하기에 오히려 그동안 비를 참아준 하늘이 고맙고, 사람의 힘으로는 안 되는 사계절의 섭리가 장미꽃을 피게 함을 감사하는 마음이 생겼다.

그동안 간직해오던 소박한 꿈을 도심 속 5층에서 보도록 마당을 주신 하나님께 감사하며 장미꽃처럼 향기 있는 사람이 되어야겠다는 생각을 했다.

지금 쏟아지는 장마 비에 꽃들은 사라져도 다시 필 계절 내년의 오월을 꿈꾸며 가을, 겨울을 지나고 봄을 기다릴 거야. 하마터면 도심 속 목이 긴 목마른 사슴이 되어 높은 빌딩사이로 멀리 풍경을 자주 내다 볼 뻔 했다. 봄부터 여름까지 친구가 되어준 테라스에 핀 장미꽃이 사진과 그림으로 남아 있음이 다행이다.

이쁜이 호박

지난 가을이다. 강원도 여행길에서 누렇게 익은 둥그런 모양 큰 호박을 사서 차에 싣고 왔다. 거실 잘 보이는 곳에 장식처럼 놓고 들며 날며 쳐다보는 재미가 있었다. 보고 또 보아도 예쁜 누렁 호박을 보며 속이 말라가는지 밑 둥이 썩는지도 모르고 있었다.

겨울이 가고 봄이 오려는 즈음 호박 껍질이 변색하는 걸 보고서야 아깝지만 칼로 툭 잘랐다. 촉촉해야 하는 속이 바짝 마르고 씨만 가득 두루루 모여 있었다. 씨를 물로 씻어 햇빛에 말려 꼭 깨물어보니 고소한 맛이 났다. 아직도 생명이 있음을 알고 4월초에 양지바른 곳 화분에다 씨를 묻었다. 한동안 잊고 있었는데 떡잎 두 개씩 쏘옥 머리를 내밀고 자라기 시작 했다. 줄기를 뻗으면서 잎이 무성해지더니 어느새 노란 꽃이 피는걸 보면서 고향 풍경을 떠 올리기도 하였다.

고향집은 대청마루를 내려 마당을 지나 대문을 나가면 골목길 옆으로 울타리가 있는 밭에 가지, 오이, 고추, 호박으로 풍성하였다. 뜨겁던 여름날 해가 지고 저녁이 되면 집집마다 싱싱한 야채로 저녁 식탁이 풍성하였다.

옥토 땅에서 영양분을 먹고 뜨거운 태양열을 받으며 자라는 싱싱한 열매채소가 있어 행복했던 시절이 있었다. 그 중 호박은 밭 울타리를 따라 잎이 풍성하게 자라면 호박잎을 쪄서 쌈을 싸먹고 애호박은 새우젓에 볶기도 하여 여름내 우리들의 반찬꺼리다. 한편으로는 울타리 안 쪽 손이 닿지 않아 무성한 호박잎에 가리어 보이지 않는 곳에서 남모르게 물씬 커버린 호박들이 누렇게 익어가고 있다.

호박이 영그는 계절 초가을 추석이 돌아오면 잘 익은 것을 먼저 따서 호박전을 해먹는다. 추석의 많은 음식 중에 송편과 시루떡 갖가지 전들을 두고도 호박으로 지진 부침은 담백하고 달콤하여 가장 좋아하기도 했다. 요즘도 한식당에서 동그랗게 생긴 호박전을 볼 수 있어 반갑다. 호박죽 또한 해마다 꼭 끓여 먹을 정도로 호박의 모든 음식을 좋아해서 가을 시장에서 가장 먼저 눈에 들어오는 것이 누렁 호박이다.

아침, 저녁 하루하루 잘 자라는 호박 줄기를 보면서 신기하여 쌀 씻은 뜨물을 자주 주며 자라는 재미에 푹 빠졌다. 호박꽃은 부지런하여 아침 일찍 크고 깊게 노란 속을 활짝 드러내며 핀다. 벌은 호박꽃이 아침 일찍 피는 걸 어찌 아는지 꽃잎을 펴는 순간 노란색 꽃 속으로 깊숙이 파고든다. 관찰 할수록 자연 생태의 묘한 조화가 신기하고 호박꽃이 얼마나 아름다운지 누가 호박꽃을 못났다고 표현 했는가 싶다. 호박꽃을 직접 가꾸고 키우며 비로소 어느 꽃 못지않게 이쁘기만 하고 속과 겉이 잘생긴 걸 알게 되었다.

호박은 생각 할수록 씨앗에서부터 사람을 위한 것이다. 작은 애호박은 식탁에 오르고 호박잎은 쌈으로 먹고 잘 익은 누렁호박은 영양 죽을 끓이고 겨울밤 간식으로 호박전은 최고다. 호박씨는 기름을 짜서 먹기도 한다. 잘 익은 호박은 산모의 몸조리에 약용으로 쓰이기도 한다.

누렁 호박은 가을풍경이 있는 인테리어에 꼭 등장하여 눈길을 끌고 정물화 그림 속에 자주보이는 소재이기도 하다. 이렇듯 호박은 한여름 뜨거운 햇빛을 받고 자라며 달콤하고 부드러운 맛을 내고 생명을 다해 사람을 위해 주고 또 다시 볼거리를 제공한다. 사람들의 마음과 눈, 식욕까지 즐겁게 송두리째 주기만 하는 호박의 생을 보며 사람들은 얼마나 나누며 살고 있는지 뒤 돌아 보아진다.

우리나라는 사계가 뚜렷하여 복 받은 나라이다. 사람은 환경의 지배를 받는 동물이고 자연의 영향을 받고 살아간다. 그러므로 봄은 따뜻하여 포근한 성품을 닮으라하고, 여름에는 강렬하고 뜨거운 열정으로, 가을에는 오곡백과의 과일로 풍성함과 포만함을, 겨울에는 참고 견디는 인내와 겸손함을, 몸에 익히며 살고 있다. 자연의 법칙이 정한 이치이듯 사람은 온유하고, 뜨겁게 사랑하고, 나누고, 겸손하도록 되어있다.

눈감으면 떠오르곤 하는 유년기의 한여름은 냇가에서 다슬기를 잡고 앞뜰에서 무성히 자란 호박을 잘 먹고 살아 온 우리는 이웃과 화목하고 어른을 존중하는 예절을 몸에 익히며 살아 왔다. 올해 도심 속에서 심은 호박을 가꾸면서 세월은 흘러도 맛과 모양이 변하지 않았는데 날마다 쏟아지는 세상뉴스로 사람과 세상은 너무나 변해 있음을 실감한다.

삶의 질이 높아진 증거로 빌딩과 고층 아파트가 많아지고 낮은 담장이 없고 텃밭이 사라진지 오래 되었다. 사람들은 비닐하우스 속에서 비바람 맞지 않고 곱게 자란 채소만을 먹고 사는 현실이 되었다. 요즈음은 이웃에 누가 사는지 이름조차 모르고 위 아랫집 사람들이 층간 소음으로 한밤중 싸움을 하고 경찰이 오가는 일이 빈번하다.

날이 갈수록 사람들은 지식으로 머리만 크고 남을 속이고 뺏고 죽이고 하여 사람이 제일 무섭다고 한다. 미래의 주인공인 젊은이들은 이기주의가 팽배하고 어른의 말을 듣지 않는다.

동방예의지국이라 자부하던 우리 민족 이었는데 사람들의 행복지수는 낮아지고 자살률은 세계 1위라는 불명예의 나라가 되어 버렸다. 급기야는 서울시가 4년 전 부터 '공동주택 커뮤니티 활성화 사업' 이라는 정책을 세우고 각 구청과 손잡고 실행을 하고 있다. 취지와 목적은 아파트 단지를 선정해서 커뮤니티 지원비를 주고 옥상 텃밭 가꾸기, 녹색 바자회, 문화 프로그램 등으로 주민들이 모여서 이웃과 화합하고 소통하며 행복지수를 높이며 살아가라는 뜻이다.

이 사업의 일환으로 송파구에서는 1촌 자매결연을 하여 일손 돕기와 친환경 농산물 교류시장이 아파트 단지에서 진행되고 있고 노원구는 옥상 텃밭 가꾸기로 수박 참외가 들에서 자란 만큼 싱싱하게 잘 자라 매스컴을 타고 있다.

특히 갈등으로 이웃과 싸우기만 하던 아파트에서 '재능 한마당과 착한 콘서트' 를 열도록 기획 구상하여 진행을 도와주었더니 주민들이 화합하고 소통하며 마음을 열고 이웃을 사랑하는 법을 익히고 있다. 삭막하기만 하고 고요하던 서울 사람들이 모여서 함께하는 '공동주택 커뮤니티 활성화 사업'은 더욱 발전하여 손에 손을 잡고 고층건물 꼭대기에서 채소를 키워 나누어 먹는 진풍경이 번지고 있다.

이렇게 옛날 어디에서나 흔히 보이는 울타리의 호박처럼 남을 위해 댓가 없이 주기도 하고 화목하게 지내며 배려하는 사람들로 변해가기를 바라는 것은 우리 사람들을 지으신 하나님 아버지의 뜻이기도 하다.

나비야! 나비야!

몇 년 전 이곳으로 이사 오기 전의 일이다. 둘째 아이가 고양이 한 마리를 인터넷으로 샀다며 데리고 들어왔다. 집에서 짐승 키우기를 거부하던 이유는 학교사택에서 키우던 개 한 마리를 내 보낼 때 정 가르기가 힘들었던 기억 때문이었다. 그래서 둘째가 간혹 강아지 한 마리 키우자 말해도 들은 척 안했는데 뜬금없이 고양이 새끼를 데리고 왔는데 마음은 왜, 데리고 왔나? 하는데 눈으로 보기에 너무나 예쁘게 생겨서 금방 마음이 바뀌었다.

몸집은 바짝 마르고 눈은 동그랗고 머리도 동글한 게 색깔은 갈색이고 눈은 선하게 바라보니 어미가 없이 홀로 있다는 게 가엽고 참 안쓰럽고 짠하여 볼수록 좋아하게 되었다.

작은 상자에 옷가지로 포근하게 감싸고 먹이를 주며 보살폈다. 밤에는 간혹 어미가 그리운지 낑낑거리기는 하였으나 13층 아파트의 남향거실 아침햇살을 받으며 뽀송뽀송 자라고 있었다. 워낙 작은 새끼라서 그런지 먹이도 쬐끔 먹고 물도 조금 먹고 똥도 아주 작은 걸 누고 너무 귀여워 새로운 사랑이 싹트고 있었다. 어느새 고양이 목욕 샴푸도 사고 병원을 데리고 가서 예방접종을 시키고 정성을 들였다. 우리는 친해지고 소파에 쉬고 있으면 어느새 무릎에 올라 앉아 따뜻한 온기를 서로 나누고 우리는 식구가 되어 있었다. 외출을 하고 돌아오면 반가워하고 배고프면 내 손을 쳐다보며 먹이를 기다리며 참 작은 동물과의 소통도 말없이 이루어졌다.

한집에서 서로를 사랑하게 된 식구 작은 꼬마 고양이에게 뭐라고 이름 지어줄까 하다가 어느 날 나비처럼 우리 집에 날아와서 함께 살게 되어서 나비라고 이름 지었다. 그래서 우리는 날마다 나비야! 이름을 수없이 부르면서 새로운 관계를 맺고 나날이 행복했다. 그렇게 2개월 정도 지났을 때 교회를 갔다 와서 남편이 이웃 상가에 데리고 갔다가 잠시 놓고 있었는데 어디로 갔는지 없어졌다고 했다. 그 말을 듣고 상가 전체를 돌아다니며 찾고 찾아도 감쪽같이 없어졌다. 그날이 저물고 나비가 어디서 어떻게 있는지 마음이 놓이지 않아 꼬박 잠을 못 잤다. 이튿날부터 상가 주변 아파트단지를 뒤집고 다니며 부르고 부르며 찾아 다녔다. 사람들을 보고 쬐그만 고양이 한 마리 못 봤냐고 묻고 물으면 여기서 보았다, 저기 있더라 말하는 곳마다 뛰어다니기도 해보았다.

행여 꼬마 고양이가 영리하게 우리 집 아파트 13층을 찾아오지 않을까하고 현관문을 조금 열어 놓기도 하고 에미가 자식을 찾는 것 이상으로 찾고 찾았다. 길에서 초등학생 5학년 여학생을 잡고 물었더니 모습과 색깔이 똑같은 고양이를 어느 아저씨가 먹이도 잘 주고 죽지 않게 잘 키우라고 하면서 주길래, 집에 안고 가서 키우려고 하는데 엄마가 극구 키우지 말래서 아파트 출입구 옆 난간 밑에 박스 속에 두고 돌보았는데 없어졌다고 했다. 체면을 불구하고 여학생을 따라 가서 어머니에게 자초지종을 말했더니 아주 미안해하면서 며칠 전에 옆집 슈퍼 지하에서 그 고양이 소리를 들었다며 그곳에 있는 게 분명하다고 했다. 고양이를 버리라고 한 그 엄마도 그렇게 애타게 찾는 나를 보고 찾기를 도와주려고 했다.

그곳 상가에는 쥐가 많으니 고양이가 쥐를 잡으라고 마루 밑에 여러 마리의 고양이를 키운다는 것이다. 반가운 마음에 상가로 찾아가서 우리고양이 모양을 말하면서 꼭 좀 돌려달라고 애원을 했으나 절대 본적이 없다고 말을 들어주지 않았다. 그 여학생의 말로는 바깥에서 고양이를 돌보고 있을 적에 슈퍼 아줌마가 함께 들여다보고 했다는데도 완전 본적도 없다고 하는 것이다. 그래서 날마다 그 집 주변을 돌고 돌면서 찾아다녀도 그 아주머니는 냉정하기만 하였다. 정말 사람이라면 나를 보고 불쌍하지도 않았나 싶다.

그일 후로는 남편을 의심하면서 물어 보았다. 고양이를 어떤 여학생에게 일부러 주지 않았냐고 하니까 절대 그런 적 없다고 하는데 도무지 믿을 수가 없다. 혹시 우리 고양이를 어느 아저씨가 길에서 주워서 그 여학생에게 주었을 수도 있긴 하지만 지금도 어느 것이 진실인지 모른다.

남편은 갑자기 잃어버린 고양이를 내가 그렇게 찾고 찾으며 슬퍼하는걸 보면서 깜짝 놀라서 그러는지 지금도 정말로 본인은 일부러 주지 않았다고 말한다. 찾다 못해 병이 날 지경이 되어 고양이 사진을 찍어 컴퓨터에 저장해 두었기에 꺼내놓고 오매불망 그리워하고 있었다. 그런데 남편은 그 사진조차도 마우스로 지워 버렸다. 깜짝 놀라서 컴터 바탕 휴지통을 뒤지니 쏘옥 고양이 얼굴이 나오니 너무 반가워서 복원시켜 놓았는데 얼마 후 그 사진조차 지우고 휴지통도 비워버렸다. 아주 잊어버리라고 했다고 변명하지만 말도 안 되는 행동을 이해 할 수 없어서 가슴이 미어지는 것이다. 두 달간의 귀여운 고양이와의 정이 깊어져서 가족으로 사는 남편도 미워하고 의심하고 하는 슬픈 일이 만들어졌다. 지금도 수시로 그 예쁜 우리 나비를 생각하면 눈에 발에 밟히고 마음이 아프다.

병아리처럼 작고 예쁜 나비가 슈퍼의 온갖 찌꺼기를 먹는 쥐들을 잡는다고 생각하니 너무나 마음 아프고 슬프다. 고양이 사진만 지우지 않았어도 용서 했을 텐데 사진까지 없앤 남편은 큰 상처를 입히고 아프게 했다. 고양이 사건만 떠오르면 미워지는 것은 어쩔 수 없다.

'사람은 사랑받을 행동을 제가 한다.' 고 했는데 이쁜 행동을 해야 이쁨을 받는다는 것이다. 나비를 보고 싶은 맘은 무엇으로 위로되지 않아 방황하고 또 했다.

7. 산이 좋아요

산에 가는 길

짬짬이 시간을 내어 가까운 산을 오른다. 소나무, 상수리, 밤나무들이 빽빽하게 서로를 의지하며 무성하게 자라고 동물들은 그곳을 터전삼아 공존하며 살아간다. 산은 사철 변함없이 꿩, 다람쥐, 예쁜 산새와 이름 모르는 짐승도 많은데 모두를 자기 식구를 삼아 먹이고 입히고 품어주고 있다.

산은 산처럼 크고 넉넉한 마음이 있다. 그리고 계절마다 새로운 것을 나눌 줄 안다. 산을 찾는 이에게는 계절 따라 좋은 풍경과 산소와 바람과 햇살을 안겨준다. 이리저리 상처 난 마음을 활짝 웃으며 달래주는 좋은 치료제 꽃들도 피고 참 좋은 풍경과 그림을 본다.

다람쥐

보스락! 보스락! 소리가 들려서 눈을 돌리니 가던 길 행동을 멈추고 깜찍한 두 눈을 놀란 듯이

"너는 어디서 사는 누구냐!"

묻는 것처럼, 쳐다보고 있는 귀여운 다람쥐를 만났다.

이때다! 하고 사진이라도 한번 찍으려고 하면 어느새 쪼르르 나무를 타고 달아나 버린다. 몸집은 작으면서 머리는 동그란 것이 귀는 쫑긋 세우고 하얀색과 갈색의 무늬를 등과 허리에 두르고 꼬리도 도톰하고 길어서 참 앙증스럽고 귀엽다.

다람쥐 들어간 바위틈을 바라보고

"네 이름이 다람쥐라고 했지, 누가 지어준 이름이냐, 이름도 참 이쁘다, 뭘 먹고 그렇게 이쁘게 생겼니."

우리가 알기로는 알밤과 도토리를 먹고 산다고 하는데 그 딱딱한 껍질을 어떻게 까니. 칼을 가지고도 힘들어 하는데 말이다. 그런 알밤과 도토리의 껍질을 까고 먹을 수 있는 재주가 있으니 몸집에 비해 힘도 세고 지혜롭구나. 나는 말이야 세상을 살면서 사람들이 속이거나 거짓말을 해서 모함을 하고 때로

는 작은 내 것을 빼앗아 가려고 밀기도 하여 비틀거릴 때가 많단다. 오늘 너를 보면서 우리 집에서 함께 살면서 사람들이 모르는 너의 세계를 보여준다면 힘이 될 것 같다는 마음이 든다.

"꼬맹이 다람쥐야! 이리 나와 보렴."

너는 또랑또랑 생긴 눈 귀여운 행동 그것만으로도 나의 기분을 아주 좋게 한단다. 그래서 보고 또 보고 싶어서 절친한 친구가 되고 싶어.

"사람들에게 그런 친구가 없냐고."

그래 그렇지, 그런 친구들이 있긴 하였는데 가족을 따라 이사를 다니다가 잃어버린 아까운 친구도 있고, 부산 울산 거리가 멀어서 자주 못 만나서 너무 외로울 때가 많아. 너는 우리 집에서 멀지 않은 곳에 살고 있으니 더 가까운 느낌이 있어.

'멀리 있는 친척보다 가까운 이웃' 이라는 말도 있단다.

간혹이라도 좋으니 나의 친한 친구가 되어주면 안되겠니, 간절한 내 마음을 알아주면 정말 좋겠다.

그 분은 다람쥐를 예쁘고 선하고 착하게 만드시고 달콤한 열매를 먹이로 주시니 참 섬세하신 분이다.

그 산새를 보았나요

산을 오르는데 타닥, 타닥, 소리에 귀 기울이며

"찌르르 쪼오!, 찌르르 쪼오!"

낯선 새소리에 걸음을 멈추었다. 머리에 빨강, 노랑 염색을 하고 귀는 송곳처럼 튀어나오고 달걀만한 몸집에 꼬리는 펴진 부채처럼 하얀 파랑 또르르 물들인 산새 두 마리가 소나무에서 포르르 날아서 바위에 앉았다. 한 번도 본적 없는 신기하고 예쁜 귀한 산새를 만났다.

몸을 낮추고 가만히 숨죽이는데 뭘 먹는지 입부리로 톡톡 바위를 쪼으며 폴작 폴짝 뛰고 날기도 하였다. 한 컷으로 인증샷을 누르고 싶어도 폴폴 나는 새를 포착하기가 무척 어렵다. 예쁜 산새는 이름도 모르는데 금새 어디론가 사라져 버렸다.

귀한 보석을 잃어버린 것처럼 발걸음을 멈추고 한참을 찾고 기다려도 나타나지 않는다. 그 후로는 그 장소에서도 어디에서도 닮은 그 산새가 없다. 처음보고 반해 버려서, 더 보고 싶어서, 그 산새의 이름도 어디에 사는지, 몰라서 그 산새를 찾고 있어요. 이산가족처럼 방송을 하면 나올까요. 신문고에 올리면 들을까요. 그 아무도 모른다 해도 예수님은 아시지요.

진달래 꽃

서걱서걱 눈 밟는 발자국 소리가 들리는 2월에는 찬바람만 쌩쌩 불었다. 바위틈에 흰 눈이 녹지 않고 얼음이 미끌미끌 응달 길은 춥고 어두웠다. 그렇게 긴 겨울이 어느새 사계의 순리를 따라 봄이 왔다. 상반된 계절 이국에 온 것처럼 꿈속같이 펼쳐진 활활 타오르는 풍경과 훈풍이 코끝을 스친다.

썰렁하고 잠잠하던 계곡 추운 겨울에 누가 와서 붓을 들고 그림을 그려 놓았다. 소나무 숲에 걸어놓은 화폭의 꽃동산처럼, 백일 된 아가의 해맑은 웃음처럼 맑고 예쁜 꽃송이 물오른 통통한 꽃 입술이 싱그럽다. 바람이 오가며 만지고 수줍다, 간지럽다, 부드러운 분홍빛 속살을 햇살에 드러낸다.

산등선 진달래꽃 연주가 산을 뽐낸다. 봄 동산 꽃 잔치 하늘도 좋아 따스한 햇살을 비춘다. 심술이 청솔모도 얌전하게 나무를 오른다. 화사하고 향긋한 향기에 매료된 산새들 짝을 지어 날아들고 살랑살랑 엉덩이 흔드는 나비가 온다.

꽃잎들은 웃음을 감추지 못하고 이마에 이마를 맞대고 누가 더 이쁘냐고 들리지 않는 꽃들의 이야기를 한다.

보기에도 아까운 풍경에 취해서 오르고 또 오른다.

지천에 깔깔 웃는 아이들의 소리 진달래꽃 물든 길섶에 앉아 한 아름 안고 뒹굴고 싶어도 다칠까, 아플까, 맴돌며 서성이다 돌아왔는데 저녁 밥상에 성큼 달콤한 은빛 반찬이 되어있다. 텔레비젼 화면에서 노래하고 춤을 추고 침대에도 나란히 따라 눕는다. 산자락 잔치는 어쩌자고 좋아서 따라 왔다며 전등불빛 아래 모인 꽃 잔치 자정을 넘도록 그렇게 새벽이 오고 날이 밝으니 친구들 따라 햇살 따라 가고 말았다.

산에는 님이 있어 님이 있어
마음이 기쁘고 웃음이 난다
오늘은 얼굴에 연지 곤지 바르고
서둘러 가야지 님이 바삐 떠나기 전에
보고 지고 보고 지고 또 보고지고
사춘기 첫사랑처럼 진달래 마중을 간다.

해마다 사월의 부활절과 맞물려 산에 산에는 진달래꽃이 핀다. 거기 그 자리에 앉아 변함도 없이 웃으며 손짓을 한다. 그 분은 해마다 부활절을 기념하는 봄 행사로 20여 일 동안 진달래꽃 축제를 여는 것을 사람들은 알까 모를까.

원추리 꽃

매미 한참 우는 소리를 타고 토요일 아침이 왔다. 자리를 털고 일어나 산을 천천히 오른다.

"앗! 저 꽃 원추리다!"

어느 해이던가. 칠갑산 깊고 깊은 산속에 해맑은 미소를 머금고 다소곳이 홀로 피어있는 것을 보았던 기억이 난다. 은빛을 더해서 반짝거릴 만큼 상큼한 노란색이 도드라지게 눈에 띄었던 원추리에 반해 가슴에 깊이 묻어 두었다. 아주 오랜만에 너무나 닮은 그 빛과 색을 띄고 핀 꽃송이가 나를 잡고 끌어당겼다. 굴러 떨어질 것만 같은 큰 바위 돌 풀이 무성한 옆에서 두 송이 나란히 피어 있으니 그리움이 울컥 솟는 것처럼 반갑고 반갑다.

목을 아래로 길게 빼고 숙인 꽃술은 보기위해 바위를 잡고 살금살금 다가가서 올려다보니 나를 알아보기라도 하듯이 활짝 웃는다. 아침 이슬이 그리움의 눈물처럼 방울방울 또르르 흐르고 있다. 그 자리 외롭게 핀 원추리야! 곱게 피어 나를 사로잡은 원추리야! 산속에서 몰래몰래 화사하게 피었건만 보는 이 없어서 아까운 원추리야! 아무도 와주지 않아서 슬픈 원추리야! 기다림에 지쳐 있는 원추리야! 이름을 불러주니 내 마음의 소리를 듣고 함초롬하던 꽃술에 묻은 이슬방울이 기쁨으로 반짝이며 나보고 사랑한다고 미소 짓는다. 꽃술의 눈과 내 눈이 마주하여 오래오래 보았다. 꼭 껴안고 보듬고 우리는 그렇게 이야기하며 떨어질 줄 몰랐다.

해가 서산으로 향하고 산을 오르던 사람들이 하나 둘 내려오기 시작하는 소리가 들린다. 자리를 털고 일어서야 하는 시간이다. 나앉은 자리에 고운 너를 두고 가야한다. 우리의 이야기는 아무도 모르는 비밀하나로 담아 너와 나의 예쁜 추억으로 두고두고 오래오래 간직할거야.

"거기, 거기에 있어 고운 친구야! 배고프면 다람쥐에게 알밤을 부탁하고, 밤이 추우면 소나무의 솔잎으로 이불을 삼아 덮고 따뜻하게 숨을 쉬어라. 낮에 해 오르고 산새가 오거든 노래하고 춤추거라. 바람과 이야기하고 하늘을 보며 웃어라. 밤에는 곰이 와도 무서워하지 말아라. 곰은 넓은 발바닥으로 꽃을 먹지 않는다. 아무도 없다고 외로워하지 말아라. 내가 너를 멀리서라도 잊지 않고 지켜줄게."

참 좋은 그 분의 또 하나 작품 내 친구 원추리를 산에다 남겨놓고 아쉬운 발걸음을 돌려 산을 내려왔다.

여름이 가네

팔팔 끓는 열대아
길게 누운 지난 밤

큰 구름이 땀방울을 흘리고
이른 새벽을 깨우며
원추리 꽃 흔들어
토해 버린 고백 완숙의 눈물

예고도 없었는데
아슬아슬한 바위
산행 길 발목 묶이고

달콤한 유혹
빠지고 싶어
그 곳이 설령 나가지 못하고

철철 피 나는 가시밭 일지라도
발을 넣고
손을 담그고
꿈을 꾸고
달을 그리고
꼭 닮은 집을 짓고 싶다

원추리 꽃!
네가 있어 여름이가네

가을 길목에서

길어진 산자락이 성큼
다람쥐 꼬리를 업고 간다

빛바랜 햇살은 허리를 휘감고 쓸어내어
한 아름 상수리나무 잎을 떨어내고
나동그라져 굴러간 도토리

울타리 벽을 간신히 타고 넘는
안간힘을 쏟아 노랗게 질린
잎 새 하나 애절한 담쟁이

찌르레기 산수유 열매를 입에 물고
먼 산 고운 단풍이 웃으며 수런대니
달콤하고 씁쓸한 풍경이야기

겨울 산

겨울 산에는 소리가 있다.

마른 나무 가지를 흔들며 우는 바람, 지난 밤 내린 눈이 잠을 재웠다. 하얀 솜 포근한 이불처럼 동굴 속 동물들도 앙상한 나무들도 추위에 떨지 말라고 토닥토닥 다독이고 있다. 앙상한 가지들은 이불속에서 꿈을 꾸고 있다.

아기 다람쥐는 긴 잠을 자면서 다리를 뻗고 쑥쑥 키를 키우며 두 팔을 벌리고 뛰어오는 봄을 보며 웃고 있다. 하얀 눈은 그 여름 푸른 잎들을 덮고, 다음해에 열릴 싱싱한 열매를 잉태하느라 낙엽의 영양분을 자꾸자꾸 아래로 아래로 나누어 준다. 내가 가진 것은 이것뿐이라고 남은 온기로 아기 순을 키우고 있다. 새순은 눈을 깜빡이고 있다.

작은 새들은 겨울밤 둥지 속 엄마 품에서 하늘을 날고 싶어 부르는 합창단 소리가 있다. 겨울은 숨어서 봄을 키우고 있다

봄바람

창가에 떨어지는 봄비 소리
살짝 미소를 담고 사뿐 사뿐한 걸음

따스한 훈풍을 타고
그대 오기만을 기다리기를 얼마입니까

눈 감으며 날개 속에 몸을 감추고
깊은 곳 춥고 어두워도
그 날을 손꼽아 꿈을 그리더니

빗방울 대롱대롱 땅이 열리며
연두 빛 잎은 오동통 하늘을 보려
쏘옥 쏘옥 눈을 뜨는 날

봄바람이 좋아서

진달래 산수유 덩달아 춤추며
유년의 뜨락 한 폭의 수채화
낭만의 계절

아지랑이 피는 언덕
그 길에서 오방색 꽃잎 머리에 쓰고
봄바람 입술의 신부가 되어

누구이리
기다리는 그대가 없다 해도
별이 지기 전에 해가 뜨도록
두고 간 꽃잎 엽서 찾아

돌아가고 싶은 그 곳
살구꽃 향기 바람 속으로 달려가서
찬란한 하루라도 살고 싶다

8. 서로 사랑하라

배려

글은 둘도 없는 내 친구가 되었다. 길을 가다가 아름다운 들꽃을 보고 하늘을 보며 아름다움을 시를 쓰고 수필도 쓴다.

누구와 대화를 하다 듣는 이야기속의 일들이 나의 글감이다.

글은 반항도 모르고 대꾸도 없이 얌전하고 마음의 느낌 따라 대답하고 받아주며 똑똑하고 착하고 늘 나를 지켜주고 외로움을 달래주는 세상에 둘도 없는 배려하는 친구이다.

당신은 누구십니까

충무로역 아침 출근시간은 전쟁터를 방불케 한다. 어디서오고 어디를 가는지를 모르는 직장인들은 하마가 물을 뿜듯 지하철 문이 열리면 우르르 쏟아진다. 2~3분 정도의 간격으로 양쪽 오고가는 지하철이 멈추는 순간 밀려오는 사람들은 발이 보이지 않는다.

한여름 분수대를 쏘아 올리듯이 에스컬레이트를 잡고 오르는 사람들은 서로 먼저타고 몇 분이라도 일찍 직장의 문에 도착하고 지각하지 않으려고 한다. 젊은 사람들이 하루를 활기 있게 시작하는 그 시간에 좁은 공간을 비집고 뛰어다니는 나의 일상도 남 못지않게 바쁘다. 늦은 밤 잠을 잤어도 날이 밝아오는 새벽 5시쯤 일어나서 교회에 새벽기도를 하고 돌아와서 얼른 정원의 꽃들에게 가서 인사를 하고 잡초를 뽑고 물을 주며 아침식사 준비를 한다. 버터를 녹이고 식빵을 구우며 양배추를 계란과 부쳐 토마토케첩과 딸기 잼을 바르며 사과를 깍고 생과일 쥬스를 만들며 산과 물이 어우러진 풍경 좋은 과수원을 옮겨와서 빵 한조각의 아침식사가 준비되고 있다. 세탁실에서는 어제 벗은 옷가지가 세탁기에서 때를 벗느라 소리를 내며 분주하고 컴퓨터에는 메모한 글이 시와 수필로 단장을 한다.

조금이라도 글에 집중하다보면 부엌에서 빵이나 고구마가 냄새를 풍기며 음식을 몸을 태워서 버리냐고 반항을 한다. 세수하고 화장하고 옷을 갈아입는 시간은 분을 다투다가 뛰기 시작한다. 그날도 아침 출근시간 많은 사람들 속에서 충무로역 8번 출구 계단을 바삐 오르다 바깥의 비를 보았다.

우산을 가방에서 꺼내다 가방속의 소지품이 계단 뒤로 떨어졌다. 우산을 펴고 주우려고 뒤를 돌아보는데 젊은 청년이 걸음을 멈추고 나의 소지품을 줍고 있었다. 받는 순간에 소지품에서 명함 한 장이 또, 뚝 떨어졌다. 순간 재빠르게 허리를 굽히고 그것마저 나의 손에 쥐어주고 감사하다는 나의 말을 들을 짬도 없는 사람처럼 출구를 바쁘게 뛰어올라 가는 뒷모습을 보았다.

순식간에 일어난 일 그 사람의 행동은 감동을 주었다. 바쁜 출근시간 남의 소지품을 연거푸 주워주는 그 사람에게서 바쁜 현실에서는 존재하지 않는 '배려' 당신은 누구십니까?

이만 총총.. 사라지는 발걸음 속에 그 분의 뒷모습을 보았다.

이제는 괜찮지요

언제나처럼 그날도 퇴근시간은 시루떡 지하철 안이었다. 손잡이를 잡고 섰는데도 이리저리 밀리니 좌석에 앉은 사람 쪽으로 기울어져 실례를 한다. 눈을 감고 서있는데 옆에서 중년남자가 소리를 질렀다.

"자리를 좀 양보하라고."

아까부터 아주 앳띠게 보이는 스무 살 정도의 아가씨가 핸드폰을 들고 웃다 말다를 거듭하며 아주 행복하게 앉아 있는 모습을 보았다. 아저씨의 고함소리에 어린 아가씨는 얼굴색이 변한 채 일어나지 않고 있었다. 둘러보니 그 자리 옆에 키 작고 연세 드신 할머니가 서 있었다. 그 할머니는 마구 손사래를 치면서 아주 난감한 표정을 짓고 계셨다. 그래도 아저씨는 아가씨를 독촉하였고 일어서지 않으려는 표정으로 억지로 일어섰다. 그리고 싫다는 할머니를 그 자리에 앉혔다. 불편함을 참고 앉았던 할머니는 몇 정거 지난다음 서둘러 내린다고 일어섰다.

소리치던 아저씨가 아가씨를 보고

"이제 여기 앉아요."

서슴없이 그 자리에 다시 앉자.

"이제는 괜찮지요."

하며 그 중년 아저씨는 조금 전 일을 사과라도 하는 듯한 말을 하였다.

그 후 어느 지인이 이야기를 했다. 지하철에서 어린 아가씨가 나이 많은 할머니를 보고 욕을 하고 있는 소리를 들었다는 것이다. 조금 전 일은 보지를 못해서 무슨 일인지 모르지만 입에 담지도 못할 욕을 마구 하더라는 것이다. 그런데 주위의 젊은 사람이나 중년의 사람들이 아무도 한마디도 않고 그냥 듣고 보고 있더라는 것이다. 본인은 이유를 막론하고 그러면 안 된다는 말을 하고 싶은데 치과에서 치료를 받고 오는 길이라 말을 할 수가 없어서 그냥 있었지만 어처구니가 없었다는 이야기를 하였다. 젊은이의 무분별한 언행을 아무도 말리지 않는 사회를 보고 놀랐다는 것이다. 그 모든 일들은 우리 어른들이 아이들을 가정에서 잘못 기르고 있는 풍경이라는 것이다.

사람은 사회적 동물이다. 그러므로 사람은 사회생활 속에서 예절을 지키고 상식을 알고 배려하는 것을 실천해야 한다고 본다. 이웃과 친구들과 더불어 살면서 기쁨과 슬픔을 함께 나누며 사회생활을 하는 것이다. 이웃과 친구사이에서 오가는 경조사는 열심히 다녀도 주고받는 것이기에 보통의 행동이다.

우리는 주위에서 알아보는 주목받는 고른 품격의 사람은 아니어서 비록 평범하고 보통 사람이라도 위, 아래를 알고 감정을 조절하여 가정이나 바깥에서 어른을 욕보이지 않아야 한다고 본다. 적어도 때에 맞는 말을 할려고 노력하며 남의 성공을 기뻐해주는 진심도 있으면 좋지 않을까. 간혹 이웃에서 나와는 상관없는 승진이나 축하의 자리를 계산하지 말고 진심을 보낼 줄 안다면 신뢰와 감동을 주는 사람으로 알 것이다. 그런 덕 있는 행동은 댓가도 있게 마련이어서 언젠가 그에게도 축하 받을 일이 만들어지는 것이다. 그렇듯이 공공장소에서 함부로 행동하는 것을 아무도 제재하지 않는다면 그 누구도 예외일수 없는 그런 환경에 처했을 때 도움을 받지 못할 것이다. 그리고 졸지도 주무시지도 않으시고 세상을 보시고 있는 그 분의 뜻에 맞지 않기 때문이다.

시장할머니

바람막이 벽도 없고 전기 불도 없는 신당동 약수시장, 남산 타운아파트를 오르는 길 옆 모퉁이에 주름진 얼굴 할머니가 있었다. 쑥, 냉이, 달래, 어린 배추를 소쿠리에 담아놓고 뿌리와 겉잎을 다듬고 있었다.

요즘은 백화점 마켓에서 파는 야채는 신선한 냉장고에서 예쁘게 포장까지 하였으니 경쟁은 말이 안 되는 것이다. 그래도 늘 그 자리에서 훈훈한 할머니의 인심을 아는 사람들을 만나는 장소이다. 아파트 주민들은 그 길을 오르내리며 백화점의 상품과 명품은 말없이 사고 들고 오면서 깨끗하게 다듬어진 푸성귀 한 줌을 덤으로 더 달라며 천 원에 사가는 사람의 뒷모습을 보게 된다. 할머니의 야채를 사면서 어느새 말벗을 하게 되어

"오늘도 야채 많이 파셨어요."

"그래 아주머니 왔구먼!"

반기시며 싫다고 해도 굳이 한 움큼의 푸성귀를 넣어 주신다

그날도 집으로 가는 길에 할머니 손때 묻은 야채를 사려고 들렀다

"어머! 오늘은 할머니가 안 보이네요."

지나가던 아주머니가 할머니 허리가 아파서 이제는 장사를 못한다고 했다는 것이다.

비바람이 불 때도 눈이 올 때도 비닐 하나 겨우 가리고 쪼그리고 앉으셨던 할머니! 사십이 넘은 아들 장가를 못 보내 애태우시던 할머니! 연세에 비해 주름진 얼굴이지만 누구에게도 심술한번 부리지 못할 선한 인상의 할머니!

"이곳에 앉았던 할머니 집을 아시나요."

옆집 생선가게 아저씨도 화장품 가게 아주머니도 그 앞 가게 집도 아무도 모른단다. 가슴에 휑하니 바람이 지나간다. 그 후에 또 가고 가보았지만 영영 할머니를 볼 수가 없었다. 진작에 할머니 집을 물어나 볼걸. 해질 녘을 기다려 따뜻한 밥 한 그릇 사 드릴 걸. 그 할머니가 빨리 나아서 볼 수 있기를 바라고 바랬지만 영영 나오지 않았다. 오늘도 그 할머니 앉았던 자리에 한참이나 서성였다. 바쁜 게 핑계가 되어 지나치고 기회를 잡지 못한 것이 마음이 아프다. 이글을 쓰면서 떠오르는 할머니가 그리워 눈시울이 뜨거워진다.

바른 뉴스

어느 날 저녁 9시 뉴스를 보고 책을 읽고 있는데 전화벨이 울렸다. 평소 잘 아는 분으로 약간 흥분된 음성이었다.

"아, 글쎄 지금 KBS방송국에 항의 전화를 했다. 조금 전 뉴스내용에 리서치 조사의 결과라며 요즘세대의 이슈처럼 가족 얼굴을 크게 그려가며 확대하여 하는 이야기 말이다."

요즘 젊은 새댁들이 친정집은 5분 거리에 있어야하고 시가집은 2시간 넘는 거리에 있어야 된다며 친정은 늘 드나들기 쉬운 편안한 가족이고 시가집은 일일이 챙겨야하는 번거로움이 있어 피하고 싫어한다는 것이다. 이유는 시부모님의 생활비와 생신, 명절, 형제까지 챙겨야 하므로 싫어한다는 것이다. 그리고 신랑은 자연스레 처가살이를 하면서 친가는 멀리하고 사는 사람이 많아졌는데 이는 아내를 편하게 하는 것이라고 했다는 것이다.

그러나 위의 배경처럼 친정식구들 안 챙겨 주고 사는 사람이 있을 수 있고 일일이 챙겨야 하는 친정도 있다는 것이다. 그것도 집집마다 형편 따라 다르듯이 시가도 마찬가지다. 그럼에도 무조건 젊은 맘들 편하자고 시댁과 담을 쌓고 살자는 것이 이 시대 풍습처럼 조장하고 있다는 것이다.

한 가정을 이루기까지는 많은 관계가 있다. 며느리인 사람은 이미 누군가의 딸이고 형제가 있으므로 친정어머니가 시어머니가 되고 본인은 시누이가 되는 것이다. 또 자식을 낳아 기르면 젊었던 저도 나중에는 시어머니가 되고 시가가 되어버리는 것을 모르고 있다는 게 너무 어리석다는 것이다. 사람은 죽지 않는 한 거의 같은 위치의 경험을 다하고 사는 것이 이치고 순리임에도 그런 말도 안 되는 스토리를 만들어 가족관계를 깨고 있다는 것이다.

본인은 아들, 딸이 있어 당당하게 말을 했다며 내 집 딸도 남의 집에 가서 그런 행동을 하면 안 된다며 그것이 옳은 사고인가? 라며 빗발치듯 따졌다고 한다.

요즘은 못된 며느리의 10위 순위 안에 명절에 시가에서 일하기 싫어서 팔이나 다리에 기부스한 사진을 찍어 시어머니 앞으로 보낸다는 것이다. 그렇게 잠시 편하자고 별의별 속임으로 시부모를 기만하는 시대라는 것이다. 그런 악한 세상을 방송국은 잘못된 사고를 잡아주고 사회를 바르게 끌어가는 뉴스를 해야 된다는 것이다. 그럼에도 도리어 사람들의 못된 사고를 부추겨 순리를 거스리고 오히려 이혼의 구실을 높이고 있다는 것이다. 그래서 아들을 낳아서 땀 흘려 기르고 학교 시켜 하루아침에 남의 집 머슴을 만든다는 것이다.

시가집이 싫으면 고아한테 시집을 가면되는데 결혼조건에 고아는 싫다고 하고 결혼 후는 시부모를 멀리하는 나쁜 사람들이 무슨 복을 받겠냐고 한다. 가족 중에 복을 못 받을 행동을 하면 함께 사는 사람도 피해를 본다는 것이다.

한마디로 결혼하는 그날부터 옳지 않아도 남자는 아내 말을 들어야 가정이 편하다는 것이다. 이런 세상에서 앞으로 아들 장가보내기 무섭고 며느리 맞이하는 것이 두렵다며 화가 치밀어 방송국에다 바른 뉴스를 하라고 쏘아 붙였다는 것이다. 방송국에 전화까지 했다는 말을 들으며 생각을 하게 되었다.

인생은 누구나 관계로부터 시작한다. 가정은 남녀가 남남이다가 결혼으로 가족으로 맺어졌다지만 서로 다른 가치가 있기에 매사에 이기심만 내세우면 가정이 바로서기 어렵다.

한사람 편하자고 여러 가족을 힘들게 한다는 조금 전 그녀의 말이 많은걸 보이게 한다. 시댁의 가족을 부인하면 남편을 나무뿌리에서 잘라온 것이나 다름없다. 나무가 뿌리를 잃고서야 어디 건강할 수가 있겠는가. 남자도 사람인데 자기부모를 거역하면 마음이 편하겠는가.

옛말에 '부모를 공경하지 않는 사람은 친구도 하지마라'는 말이 있다. 이대로 간다면 가족관계를 회복할 길은 없고 심은 대로 거둔다는 말처럼 악 순환은 거듭되고 더 삭막해지는 사회가 될 것은 불 보듯 뻔하다. 남자도 우선은 집안이 편하자고 색시말을 들어도 속으로 쌓이는 게 있기 마련이다. 여자가 시댁에서 불편을 겪는 것처럼 남자도 마찬가지다. 그러기에 결혼은 두 사람 모두 책임이 따르기 마련인데 함께 나누어지고 가야 된다고 본다. 누구나 생각할 줄 아는 보편적인 상식만 있어도 된다.

오래전에 들었던 이야기다. 치매인 시어머니와 함께 사는 며느리가 오줌, 똥을 아무 곳에나 하는 것에 날마다 지쳐있을 때였다. 하루는 외출을 하고 돌아 왔는데 벽에다 그 짓을 해놓고 있어서 눈물을 흘리며 치우고 있는데 남편이 집에 잠시 왔다가 그 광경을 보았다는 것이다. 그 날 고집 센 남편이 아내 앞에서 무릎을 꿇고 내 어머니를 보살펴 주어 고맙다며 평생 당신을 위하는 것에 이 한 몸 바치겠다며 눈물을 흘리며 맹세하였다고 한다. 그 후 시어머니가 돌아가신 뒤에도 그 말의 책임을 한 순간도 잊지 않고 다하더라고 하였다.

위 예화를 보듯이 남자도 아내가 자기 부모를 진심으로 대하는 것을 보고 더욱 아내에게 헌신하는 마음이 생기듯이 가족관계에도 서로 도우고 배려하는 마음이 우선이라고 본다.

이런 사회의 치료제는 무엇보다 말씀으로 서야하고 시댁, 친정, 편견이 없어야 부부의 사랑도 자녀교육도 성공적이라 할 수 있다. 가정은 상식을 거스리지 말고 바른길은 따라주고 존중해 주어야하는 반면 어긋난 길은 고쳐야 자녀도 분별력을 키우며 자라는 것이다.

남남으로 만난 부부는 서로 배려하는 것이 최고의 사랑이고 보상이고 선물이다. 사람들이 모두 놓치고 살고 지나고 나서 후회하게 되는 그때에 배려할 걸이라는 것이다.

뉴스로 인하여 기분을 토로했던 것처럼 우리는 모두 당장의 안일 보다는 후일을 생각했으면 하는 생각이다. 우리의 행위를 그 분은 보고 계신다는 생각을 조금이라도 하고 산다면 참 좋은 가정과 사회가 될 것이라고 본다. 무슨 일이나 결정하기 전에 그분은 어떤 것을 옳은 행동으로 생각하시는지 생각해보면 좋을 듯하다. 미래의 큰 복을 주시는 분의 마음에 들어야 되지 않을까 하는 것을 깊이 느끼는 시간이었다.

9. 좋은 사람들

산소 같은 여자

아침 일찍이라도 깊은 밤에도 전화를 하면 낭랑한 목소리로 전화를 받는다.

"네, 언니!"

답하고 언제나 다정 하면서도 시간에 개의치 않고 본인의 자리가 어떤지 전혀 감지가 안 되는 또랑또랑한 음성이 들리면 그냥 앞 뒤 없이 주저리 주저리 이야기를 주고받는다.

사람이 살다보면 그날에 해야 할 말이 있는데 밤 깊은 시간이 되어서야 생각날 때가 있다. 내일로 미루고 싶어도 그날 이어야하는 하는 것들이 있어 그래도 최소한의 안부로 잠자는 것을 방해했냐고 하면 더 또렷하게 아니라고 하면서 모래알 같이 많은 이야기를 모두 들어 주고 답하기도 한다. 대화는 늘 세상에서 겪은 아이러니한 풍습들과 문제를 두고 바라보는 가치관은 어떤지 등의 이야기지만 참 진솔하고 진취적인 이야기들이다.

가을비를 들으며 사색을 나누고 떨어지는 단풍잎하나로 인생의 고뇌가 오가며 삶의 굴곡을 펴기도 한다. 하지만 그곳 부산을 떠나오기 전처럼 금방 만나서 식사와 차를 마시며 시간을 공유하지 못해서 아쉬움은 말할 수 없다.

어느 해 가을이 깊어가는 날에 제주도에서 둘이서만 만나자고 비행기 티켓 팅을 했다고 연락이 왔다. 부산에서 서울에서 각자비행기를 타고 제주공항에서 만나 렌트카를 타고 신나게 제주를 돌아다녔다.

11월 중순이라 도로변 지천에 갈대숲이 춤추는 바닷가를 돌고 돌았다. 바다를 보고 소리를 지르고 팔을 벌려 파도를 안으며 두 여인이 기쁘게 잊을 수 없는 즐거운 여행을 했다. 간혹 부산에서 집안이나 친구들의 대소사에 들릴 때는 제일먼저 미란에게 알리면 어떤 일도 내세우지 않고 꼭 달려와서 만나기도 한다. 또는 서울에서 일어나는 특별한 일이라도 있으면 바쁜 시간을 쪼개어 비행기를 타고서라도 항상 참석해주고 작은 일에도 축하해주고 함께하는 유일한 동생이자 친구이다.

한번은 부산 벡스코에서 교육을 받는 일이 있어 윗분과 함께 갔는데 하루저녁 풀 서비스를 하겠다고 차를 몰고 나왔다. 그 해 새로 생긴 광안대교 맞은편 레스토랑에서 이국의 정취와 진배없는 야경을 보면서 저녁식사와 차를 마시고 부산 시내를 드라이버 하면서 나눈 이야기다. 사람은 몸이 멀어지면 마음도 멀어지기 마련인데 두 사람의 특별한 사이가 유별나다고 함께 했던 옆 친구가 말을 했다. 그 말이 떨어지기 무섭게

“제가 언니를 좋아하는 행동을 해보라면 지금이라도 차에 내려서 무엇이라도 하라는 행동은 다할 수 있다며 가령 춤을 추

라면 출 것이고 노래도 좋고 가장 어려운 옷을 벗으래도 할 수 있다."

고 당당히 말하는 그녀는 보잘 것 없는 나를 윗분 앞에서 돋보이게 하려는 의도가 충분히 들어 있음을 알 수 있었다. 평소에 빈틈없고 야무진 사람이라는 걸 알았지만 이렇게 속 깊은 말과 행동을 보고 정말 보통여자가 아니라서 깜짝 놀랐다. 중학교 교편을 잡았고 현재는 논술 학원장과 문학평론가이다. 그녀는 부족한 나를 좋아한다는 표현으로 서슴없이 자신을 아주 낮추는 진솔한 말을 하여 주위가 감동을 먹었다. 우리가 흔히 사람관계를 해보지만 평소에 무리 없이 잘 지내는 사이라 함께 해도 될듯해서 낯선 좌석이나 만남에서 포함했다가 그동안 못 보았던 아주 민망한 언행을 해서 모두를 어렵게 하고 후회를 하는 경우도 듣고 보기도 하였다. 그러나 그녀는 낯선 그 자리에서 생각지도 못한 말과 행동을 하여 또 놀라는 계기가 되었고 윗분들에게 좋은 이미지를 남겼다.

그녀와의 나이차는 11살이다. 부산에서 책을 많이 읽고 싶어 내가 경영하던 서점에 책을 사러 왔던 손님이었다. 오가며 얼굴을 익히고 서점일도 도와주고 서로에게 호감을 가지고 친하게 되었다. 그러다 어느 날 나에게 언니라고 부르고 싶다하기에 우리 집 친정 맏이 조카와 9살 차이라고 조카뻘이라며 언니라고 부르는 것이 합당치가 않다고 했다. 나를 언니라고 하고 싶은 이유라도 있느냐고 물어 보았다. 그 답은 서점에 오는 아이들이 매일 바닥에 앉아서 하루 종일 만화책을 보고 있어도 나무라지 않는 넉넉함을 보고 놀랐다는 것이다. 또 점심때가 되면 누구든지 식사를 하고 가라는 마음씨를 보았다는 것이다.

듣고 보니 사람사이에 가장 기본을 했을 뿐인데 큰 호감을 가졌다니 약간은 쑥스럽기도 했다. 그래도 그런 건 작은 것이고 언니가 되기에는 내가 많이 부족하다 하였으나 개의치 않았고 그냥 자연스레 언니가 되고 동생이 되었다. 그러나 나는 호칭만 언니일 뿐 삶의 여러 가지 문제를 나누다보면 인생 상담사처럼 언제나 말과 행동이 오히려 나보다 훨씬 수준 높은 명쾌한 답을 주어 후련하다. 어떤 일을 진행하는 것도 시원시원하게 처리한다. 무엇을 할까 계획하면 망설임도 없이 정확하게 빠른 속도로 행동에 옮긴다. 나이 한참 많은 내가 느끼지 못한 것들도 미리알고 그 자리 그 입장이 되어보지 않아도 정말 꼭 맞는 느낌과 답이 나온다.

경험을 해보지 않은 고령의 문제도 세대차이가 있는 젊은 층의 문제도 답을 척척 풀어내는 것이 총명하다고 표현하기도 부족할 정도다. 언제나 앉을자리 설자리 구분할 줄 알고 때에 맞는 아름다운 말을 하는 사람이라 삶의 무게를 덜어주고 도와주는 힘이 있다. 이모저모 인생의 유일한 위로와 격려를 끊임없이 해주고 도와주는 사람이다. 오히려 동생이 아니라

"나의 선배이고 선생님 같다."

고 하면 저는 나더러

"순수하고 때 묻지 않은 귀한 보석 같은 사람"

이라고 '되' 로 주었는데 '말'로 갚는 친구다.

무슨 일이나 대화를 하고나면 상쾌한 산소를 마신 것처럼 유쾌해진다. 피붙이 자매보다도 더 사랑스럽고 좋은 유일하게 늘 언니라고 부르는 동생이다. 갖가지 색깔과 여러 모양의 사람들이 더불어 살아가지만 남을 배려하기보다는 이기심이 팽배한 세상에 이렇게 미덕과 겸손 배려가 몸에 배인 똑똑하고 지혜로우며 정이 넘치는 그야말로 팔방미인이다. 사람들 속에 찾기 어려운 '천연기념물' 같은 사람이다. 아마도 그분께서는 여자형제가 없는 나에게 이렇게 귀하고 멋진 동생을 만나게 해주고 절친하도록 도와 주셨다 싶어 감사한 마음뿐이다.

바다 같은 언니

나의 20대 젊은 맘으로 객지와 교회가 낯설 때에 만나게 되어 서로 좋아하게 된 언니이다. 두 달 전쯤 아주 오랜만에 전화를 하니 반가운 목소리로 안부를 주고 받으며

"보고 싶고 내 마음 속에는 늘 언니가 존재하고 있다."

고 말했다. 이런저런 지나간 이야기를 하다가 주마등처럼 언니와의 추억들이 떠오르기 시작했고 생각할수록 언니와 함께 했던 시간들이 얼마나 재미있고 소중한지 말로 표현이 안 되는 순간들을 기억하며 웃었다. 그때에는 아이들은 어리고 우리는 젊고 그래서일까? 만나면 우스운 일들이 어찌 그리 많았는지 구석구석 새겨놓은 소재들이 마구 떠오른다.

벚꽃이 화사하게 핀 봄 어느 날 밤 우리는 그냥 쏘다니고 싶어 울산에서 경주까지 택시타고 오가면서 꽃잎이 눈송이처럼 날리는 거리를 마냥 달리면서 깔깔거리며 웃고 재미났던 기억이 생생하다, 그날도 낯선 행인들 속에서 이방인의 우리는 많은 사람들과 이야기를 하며 점을 찍고 소설을 썼다.

또 어느 해 였던가, 우리부부 결혼기념일에 학교 전 교직원

들과 여행을 가버린 남편을 대신해서 언니가 만들어주었던 그 날 밤의 블루스를 잊지 못한다. 결혼기념일이 남편에게는 예사로운지 몰라도 분위기와 사랑을 먹고 싶은 나에겐 소중한 일이었다. 울적한 마음을 누르고 있는데 언니가 우리 결혼기념일을 알고 기분 전환 하자고 나오랬는데 가장 믿는 언니이기에 선뜻 나서고 결혼 후 처음으로 나이트를 가게 되었다. 술을 먹지 못해서 구경만 하다가 어느새 분위기에 어울려 저절로 돌아가는 발을 멈추지 못하고 함께 어깨와 엉덩이를 흔들며 춤을 추었다. 어느새 시간이 갔는지 밤은 깊었고 집으로 갈 시간에 놀라고 벗겨진 유리 구두를 찾았다.

'한 짝의 구두를 잃은 신데렐라가 되면 백마 탄 왕자가 길을 잘못 찾아오면 안 되니까.'

그런데 고고씽! 춤을 추면서 장난기 많은 총각이 내 주위를 계속 맴돌더니 구두를 잃어버리지도 않았는데 아무도 모르게 집 앞까지 따라와서 말을 건네는 소동이 벌어졌다. 나도 모르게 아주 크게

"도~둑이야!"

대문 앞에서 크게 소리쳤는데 옆집에 사는 아저씨가 뛰어나왔다. 밤이라 무서웠던지 몽둥이를 들고 총각을 쫓아갔는데 알고 보니 울산시 학성고등학교 후배 놈이더라고 그놈이 나쁜 놈이 아닌데 술김에 그랬으니 안심하라고 했다. 기분전환으로 이탈했던 젊은 맘들의 하루저녁의 반란이 어찌 그리 요란했던지

지금생각해도 부끄러운 일이다.

교회생활을 하면서 기둥처럼 교회일의 봉사에 나서던 언니는 교회의 모든 행사에 나를 데리고 다녔고 어느 날 야외예배를 보고 오면서의 일도 가관이었다. 버스 안에서 교인들이 찬송을 부르다가 유행가도 부르며 신바람이 붙은 여전도회 회원들이 교회에 도착하여 강대상 앞에서 춤을 추다가 쫓겨났던 일도 젊기에 일어난 일이었다.

다윗 왕이 전쟁에서 이기고 십계를 메고 하나님 앞에 감사와 기쁨으로 춤을 춘 말씀이라도 알았더라면 핑계라도 했을 텐데 젊음의 분출이라 실수인줄도 모르고 못다 춘 춤에 흥이 사라지지 않아서 모두 아쉬운 발걸음을 돌리기도 했던 철부지 믿음의 우리들은 그렇게 요란 했다.

그래도 주일날은 서로 사랑하라는 말씀으로 눈만 마주쳐도 반짝반짝 생기가 돌고 믿음과 신뢰와 사랑으로 붙잡아 주었다.

언니가 있었기에 지금의 내가 이렇게 믿음으로 성장한 동기가 된 것이다. 어느 모임에서 옆 사람 끼리 이유 없는 논쟁이 일어나고 시비처럼 번졌을 때 난감해진 분위기에서 주위사람 모두 남의 일 방관하는 행동을 하였다. 불이 붙을 것 같은 상황에 모두 어색해져 갈 때 언니가

"선은 이렇고 후는 이러하다."

내용을 분명하고 깔끔하게 결론을 지어주니 추후 뒷말 한마디 없이 해결되어 그야말로 명판사라 말하고 싶었던 사건. 그

런 든든한 언니가 말없이 친분도 별로 없는 사람들 속에서 늘 지켜주고 어느 곳이라도 나를 불러주고 함께했던 일들이 참으로 고마운 일이었다. 여전도회 회장은 믿음의 선배가 맡았음에도 단체의 작고 큰일을 옳고 그름을 용기 있게 말하고 단체를 소리 없이 아우르며 끌어가는 언니의 카리스마를 닮을 사람이 없었다. 지금 생각하니 언니는 리더십도 뛰어나고 매너 최고까지 겸비한 사람으로 멋쟁이였다.

그리고 남매를 키우며 아들 딸 부러울 게 없는 언니였다. 남들은 앉은 자리마다 과장적인 딸 자랑 아들자랑 늘어지게 하여도 누구에게나 있는 자식 사랑만 보이는 부담 없는 사람이었다. 사람들이 의식적으로 꾸며하는 자랑도 그러냐고 긍정으로 받아주기도 하는 넉넉함이 있었다. 여유가 많으니 남의 마음 거스리는 일은 없고 그야말로 내면이 꾸밈이 없었다. 또 그 당시 내가 가장 힘들었던 위경련을 앓으며 이웃과 단절되어 있기도 하였다. 그러면 요즈음 네 얼굴은 통 볼 수 없다며 우리 집에 찾아와서 마루를 쓱쓱 닦아주던 등 뒤의 모습이 지금도 생생히 떠오른다. 그 외의 이모저모 세상사의 사람들과의 이야기 속에도 허위와 가식으로 맘이 불편해질 때 언니의 순수한 말 한마디가 내 마음이 시원해지기도 하던 일이 자주 있었다.

그러고 보면 문단에 시인으로 등단했을 때 언니가 진심으로 기뻐해주고 주위에 얼마나 자랑했길래, 그 먼 곳에서도 축하해 주는 사람들에게 쑥스럽기도 하고 감사하기도 했다. 그야말로

슬플 때는 힘이 되어주고 기쁠 때는 함께 기뻐해주며 천군만마의 힘이 되어주는 바다같이 넓은 마음을 가진 고마운 사람. 아마도 나는 언니를 만났기에 사람을 좋아하는 일이 자주 생기기도 했던 것 같아. 무수한 만남과 헤어짐 속에서도 귀한 만남은 보석인 걸 나이가 들면서 더 느끼건만 여유 있게 언니도 만나러 가야지 하면서도 안 되는 것이 아쉽다. 나이가 들면 할일이 줄어들어야 하는데 새벽부터 동동거리고 바쁜 게 흠이 되니 직장도 그만두고 여기저기 출판사에 글이나 쓰면서 살고 싶다.

살아온 날들 뒤 돌아볼수록 순간에는 느끼지 못했던 일들이 이제서야 새록새록 그립고 못 다한 사랑 나누며 살고 싶은데 먼 거리가 우리의 사이를 방해한다. 말없이 흐르는 세월은 우리의 이야기를 너무 쉽게 지워버리고 젊음도 가져가버리고 남는 게 없어 속상하기도 하다. 하지만 유일한 희망 오직 예수님은 우리의 곁에서 예전의 우리사이도 잘 알고 지금의 우리를 변함없이 지켜주시니 힘을 내고 우리도 이제는 시간들을 만들어서 자주 만났으면 좋겠다. 올 가을이나 아님 겨울 함박눈 날리는 날에 글로 못다 한 이야기들을 하늘의 별처럼 많이 나누었음 하는 기대를 해본다.

보고 싶은 친구야!

지난 밤 꿈속에서 혜숙아 너를 보았다. 화실의 한 모퉁이에서 묵묵히 붓에 묻은 유화 물감을 기름통에 씻고 있었다. 단아하게 빗어 넘긴 머리에 미소 띤 얼굴이 그대로였고 스커트에 짧은 브라우스는 앙상블을 이루어 참 여성스럽고 예쁜 모습이었다. 그림을 좋아하는 여성답게 늘 튀지 않으면서 세련된 옷 색상은 고상하면서도 심플한 것 같으면서 여성스럽고 지적인 분위를 연출하던 그 개성을 아무도 흉내 못할 너만의 분위기가 좋았었고 함께하며 행복했었다.

그러던 어느 날 부산대학 옆 구서동 너희 집 아파트에 가보고 깜짝 놀랐다. 어쩌면 인테리어 선반들이 부엌이나 거실 방 등에 꼭 필요한 자리에서 아무 곳에서나 보기 힘든 예쁜 소품들이 생활에도 필요하면서도 눈을 즐겁게 하는 것들이었다. 특이한 소재의 소파도 편안하면서도 멋스럽고 너무 쓸모 있고 보기에도 두고두고 보아도 싫증나지 않는 것들로 꾸며져 있는 것을 보고 외모로도 흠잡을 데 없는 여자가 사는 공간도 너무나 아름다웠다.

서울시의 주상복합 아파트와 고급 빌라를 드나드는 직업을 4년을 하면서 그 사람들이 사는 집 공간들을 보면서도 마음에 울림이 있는 곳은 별로 없었다. 가격이 비싼 것도 디자인과 색상의 어울림이 없으면 소용이 없다. 사람마다 개성이 있지만 너의 멋스럽고 세련되고 쓸모 있는 소품과 가구들을 보면서 감탄을 조심했다. 우리는 소모품에서부터 가구에 이르기까지 취향이 비슷하다는 걸 알았다. 스스럼없이 말이 나왔다.

"우리집도 예쁘게 꾸며 주면 안 되겠니."

"집의 구조에 맞게 작은 돈으로 꾸며 줄게."

하며 마주보고 웃었다.. 예쁜 마음씨가 통하고 유화그림을 좋아하는 취미로 화실에서 만나 서로에게 우정을 키우며 보낸 나날들 참그립고 돌아가고 싶다.. 입으로 말하지 않았지만 너의 인상은 동양과 서양의 분위기를 고루 담은 선하고 온유하게 생겼고 행동은 꾸밈없고 분별력 있고 깔끔한 성격이었다. 남에게 피해를 안주려고 하는 성격도 비슷했다. 다른 어떤이와의 관계에서는 내가 먼저 대금을 지불하여 부담이 없었다. 그러나 너는 어디서든 빠른 행동으로 밥값, 차값을 지불해버려 늘 빚진 마음이었다. 과분한 가방이나 옷을 스스럼없이 주고 후일 댓가를 전혀 계산하지 않던 사람. 받기만 했는데 갚을 기회를 주지 않아서 흠이 되던 사람. 그렇게 물건들을 받기만 해서 부담을 받았고 너를 깊이 깨닫는 것이 늦어버렸다. 지나고 보니 행동과 말이 일치하는 흔하지 여인이었는데 말이다.

늘 보잘 것 없는 나를 존중해주던 너는 좋은 가정에서 좋은 교육을 받고 사랑을 듬뿍 받고 자란 사람이 아니고서야 그럴 수가 없다는 것을 알게 된 것이 불과 얼마 전이다. 별의 별 사람을 다 겪고 나서야 너의 진짜 보석을 발견하게 되었다. 아무나 할 수없는 말씨 솜씨 맵씨에다 마음씨까지 아름다웠던 세상에 둘도 없는 좋은 친구였다, 그럼에도 너에게 가장 큰 실수를 하고 떠나온 나를 이제사 용서해달라고 말하고 싶다.

서울로 대학을 들어간 아들 녀석 공부 땜에 남편이 타 도시로 전근을 신청하였고 발령을 받았는데 서울이 가까우니 떠나기로 했다고 전하던 날이었다. 어쩜 그런 이야기를 미리 말해주지 않고 결정되고 말할 수 있냐고 실망하면서 눈물을 쏟았던 네가 한말이 기억난다.

"내가 너에게 가장 가까운 친구가 아니었니."

직장의 전근 문제는 신청과정에서 결과는 어찌 될지 모르므로 미리 말 못했다는 설명은 했지만 너무 섭섭해 하던 너에게 답을 제대로 못해버렸다.

지금도 오해하고 있을 너에게 꼭하고 싶은 말이 있다. 늘 서툰 솜씨로 인생을 살아가는 난 삶 속의 일들이 계획과 마무리가 빗나갈 때가 많기에 무슨 문제라도 결정 난 뒤 주위에 알린다는 게 내 주관이라 그랬을 뿐이라고 한 번 더 용서를 빌게.

새로운 집을 사서 이사를 하며 떠날 때도 이웃에게 천천히 알리던 것도 그런 마음 때문이었고 아무튼 확실치 않은 일 미리 말하는걸 아주 싫어하는 내 성격 탓이야. 내가 너를 좋아하는 맘 그때도 지금도 똑 같은 것을 알리고 싶어.

혜숙아! 내가 조금 더 일찍 너를 발견했다면 상처를 주지 않았을 것을. 서울 부산의 거리가 무엇이라고 만나지 못하다가 전화번호 이동 등으로 연락이 두절된 너를 꿈속에서 만나게 되었다. 너처럼 멋지고 좋은 여자가 사람들 속에 많은 줄 알았던 모자람이 철든 너를 얼마나 슬프게 했는지 미안하고 부끄러워 잠 못 드는 밤이다.

우리가 자주 다니던 쌈밥집, 밤나무 산 차돌 백이 소고기집, 경희궁 샤브집도 그리고 분위기 좋은 민들레 찻집도 그곳에 있을 텐데 너는 어디에 있는지 모르고 산다. 부산시 구서동과 시내를 구석구석 뒤져도 찾고 싶다.

아빠! 아버지! 부산대학 옆 구서동에 살던 내 친구 키는 나랑 비슷하고 좀처럼 보기 드문 멋쟁이 맞아요, 이름은 이혜숙이구요. 세상 살아 갈수록 느끼는 것은 그런 친구는 다시 만날 수 없을 것 같아요. 유일하게 참 좋았던 친구 꼭 좀 찾아주세요. 연락이 닿을 수 있도록 도와주세요. 그 여자를 만나서 갚아야할 것들이 너무나 많아요. 그리고 보고 싶어요.

꽃띠 권사님

마을에서 자주 만나는 이웃 권사님의 이야기다. 교회에서 20년이 넘도록 주일학교 교사를 맡아 성실히 봉사도 한다. 전도하는 일이라면 남의 집 궂은일도 마다않고 발 벗고 돕고 실천하는 행동을 볼 수 있다. 또 시집간 딸이 직장을 다니므로 외손녀를 한명 키우는데 월요일부터 금요일까지 외가에서 재우고 먹이고 키우다가 금요일 저녁에 딸이 데리고 가서 이틀 밤 자고 다시 온다는 것이다.

딸이 수고비를 주겠다고 해도 안 받는다고 했다. 남편이 중학교 교장으로 퇴임하였고 교회 장로이면서 연금으로 살고 있다. 경제적으로 넉넉하지 않음이 분명하다. 그럼에도 젊은 내외가 힘들게 일하는데 뭐 그런 것을 돈을 받냐고 하는 남편의 말을 따라 돈을 일체 받지 않고 외손녀를 먹이고 입히고 유치원 보내면서 소소하게 돈도 많이 들어간다고 했다. 그래도 그 아이로 인한 기쁨이 보상이고 재미라고 했다. 그런데 어느 날 손녀딸이 친가 집을 다녀오더니 친 할아버지 친 할머니를

"최고 할아버지!, 최고 할머니!"

라는 호칭을 배워 왔더라는 것이다. 처음에는 최고라는 의미가 '우리를 비교하나'하는 생각이 들었다고 했다. 그러다가 곧 생각을 바꾸어 외손녀가 외갓집에서 함께 살다보니 '외'자는 빼고 할아버지, 할머니로 부르다보니 친가와 변별을 두려고 그랬나 보다하고 이해하고 외손녀가 그렇게 부르도록 했다는 이야기를 들었다. 외손녀라지만 댓가 없이 일주일 내내 키워주는 것도 드문 일인데 친가의 어른들이 최고라는 언어를 손녀에게 가르쳐 보낸 것도 아주 쉽게 이해하여 친가의 권리를 흔쾌히 존중해 주는 보기 드문 착한 심성을 보게 되었다. 평범하고 생각이 없는 사람이었다면

"왜, 그 쪽에 최고가 붙어야 하냐고 내가 다 키우고 입힌다." 하면서 호칭을 불만 삼았을 것이다. 그러다보면 자라는 손녀도 혼란시키고 사위도 곤란케 했을 것이다. 요즘은 젊은 맘들이 친정어머니를 왜? 외자를 붙여 외할머니로 부르냐고 반란이라고 한다. 우리들의 추억으로 누구나 가슴 따뜻한 호칭이 있다면 외할머니라는 분이다. 그렇듯이 나의 외할머니께서도 큰 광에서 명절 음식과 곶감이나 과자 등을 보관하여 틈틈이 챙겨주고 많이 살펴주던 기억이 있다. 그래서 외할머니라는 호칭은 언제나 그 따뜻함과 인자함이 가슴깊이 추억이 되어있다.

요즘은 친가는 살고 있는 동네가 신당동이면 신당동할머니라는 호칭으로 부르라고 아이에게 가르치고 외할머니는 외자를 빼고 그냥 할머니라고 부르는 게 거의 풍습이 되어간다.

외향으로 보기에는 친가의 의미가 없어지고 우선은 외가의 자존을 올리는 것처럼 끌고 가는 것이다. 눈에 보이지 않는다고 직계가족의 서열을 바꾸고 어른이 편하자고 아이들을 친가에 보내지도 않고 키우는 어린이들은 영양실조에 걸리는 것을 모른다. 어린이들이 자라지 않고 있으면 모르되 친가와 외가를 혼란시키면 결국에는 양가 어른만 신뢰를 잃고 마는 것이다.

어린이에게 음식을 골고루 먹이듯이 양가의 사랑을 듬뿍 받아야 한다. 학교에서 흔히 편부모 밑에 자라는 아이가 정상 부모와 살고 있는 아이들을 부러워하고 상처를 받아 기죽어 크는 것을 볼 수 있다. 그렇듯이 아이들이 학교에서 공동생활을 하면서 방학이나 명절을 지나고 서로들 가정을 자랑 한다.

양가의 편견이 없고 정상적 환경을 보낸 아이의 자랑은 더 많고 어깨가 높아지고 자부심이 생긴다. 그런 순리를 알고 있는 양 권사님의 말과 행동은 당장의 기분보다는 모두를 생각할 줄 아는 사람이다. 시대가 아무리 거꾸로 간다고 해도 현명한 사람은 질서와 우선순위를 거스리지 않는다.

멀고도 가까운 것 같은 사돈도 가족관계로 딸의 시부모를 인정하고 사위도 자식으로 인정하며 모두를 편하게 하는 것이다. 무엇보다 손녀딸에게 호칭으로 혼돈을 주지 않고 정서를 안정시키는 좋은 모습을 보였다. 하나의 작고 사소한 일 같으나 가정과 사회를 바르게 끌어가는 아주 큰일을 하고 있다는 생각이 들었다. '사람은 하나를 보면 열을 안다' 고 했듯이 가족 관계의 참 중요한 부분을 본인의 기분을 내려놓고 아주 상큼하게 정리 한 것에 박수를 보내고 싶다. 고른 품격의 양식과 인격을 고루 갖춘 사람으로 바르고 옳다는 생각을 하며 존경심마저 들었다. 그 분은 이렇게 겉과 속이 같은 권사님을 보기 드문 알곡으로 분류 했을 것 같은 생각을 해 보며 그 이름을 꽃띠! 권사님이라 부르고 싶다.

보석 권사님

울산에서 믿음 생활을 할 때다. 몇 년 교회를 다녀도 집중적으로 말씀 교육 없이 다녔기에 성경을 알기에는 턱없이 부족한 시기였다. 그런데 어느 해 연말에 구역장을 하라는 목사님의 말씀을 듣고 그냥 사양이 아니라 정말 자신이 없어 못한다고 했다. 저는 말씀도 모르고 믿음과 기도가 부족하여서 몇 번이나 못한다고 했어도 목사님께서는 구역예배의 말씀 책이 있어서 그대로 읽고 진행하는 것이니 염려하지 말고 충분히 할 수 있다고 했다.

정말 자신이 없었지만 할 수없이 구역장이라는 큰 책임을 맡고 처음 예배를 갔더니 식구 중에 50대 초반의 권사님이 계셨다. 아무리 봐도 30대 철부지 믿음의 내가 맡을 자리가 아니라는 생각이 들기도 하였다. 책을 읽는다 해도 사람들 보기에 모자라고 부족하였다. 그런데도 구역장을 위해 믿음의 선배 권사님이 꼭 모든 식구들을 모이게 해주고 구역장이 오기전에 모여서 기다리고 있었다. 그리고 늘 인자하게 나를 불편하지 않도록 멀리서 지켜봐주시고 또 도와주심을 알게 하였다.

그렇게 한해를 지나고 갑자기 부산으로 이사를 가게 되어 울산에서의 구역장을 했다는 그것을 까맣게 잊고 있었다. 그런데 몇 해 전에 목사님의 자녀 혼사가 있어 울산에 갔다가 그 권사님을 만나게 되었는데 나를 와락 껴안고서

"우리 구역장님! 우리 구역장님!"

반갑다면서 안고 뛰었다. 많은 교인들 앞에서 우리 옛날에 구역장이라며 소개를 하고 손을 놓지 않았다. 그때가 오래된 언제 일인데 보는 순간 잊지 않는다는 게 신기하다. 그것이 타인을 존중하는 표현이고 행동이라는 것을 느꼈다. 몇 번의 강산이 변해도 그때나 지금이나 조금도 가식 없고 진심이 보여 사람은 빚어진 대로 사는 것이구나, 깊이 느끼게 되었다.

더 나아가 하나님의 일이라면 주어지는 현실에 순종하며 능력과 순서를 가리지 않고 상대를 인정해주고 도와주는 사람이라는 것을 알게 되었다. 참으로 귀한 하나님의 일꾼이고 보석이다. 그렇게 진심으로 하나님의 일을 소중히 여기는 사람들을 보면 마음이 산처럼 듬직해서 비바람에도 넘어지지 않을 믿음이 가고 본을 받아야지 하는 마음이 생긴다.

스마일 얼굴

사람들은 저마다 좋아하는 것이 다르고 취미가 다르듯이 나는 유독 계절마다 피고 지는 들꽃 한 송이를 볼 때마다 자지르지게 감탄을 한다. 간혹은 오래된 친한 친구들끼리 차를 타고 시외로 드라이브를 나가는 경우에도 산과 들에 보이는 풍경에 빠져 함성을 지른다. 그러나 차안의 화제로는 어느 아파트에는 대문 마주보는 이웃 아저씨와 아줌마가 바람나서 도망갔대. 누구는 춤바람이 나서 이혼하고 그 집은 엉망이래. 동행들은 이웃의 쇼킹한 사건들을 새로운 뉴스로 즐기지만 건성으로 들으며 겉으로 맞장구는 안 해도

"그 사람들 갑자기 일어난 교통사고처럼 생긴 일 일꺼야."

속으로 대답하면서 눈으로는 자연의 좋은 풍경에 푹 빠져있다. 옆자리 친구는 반응 없는 나를 향해 해마다 오고가는 계절이 그리도 새롭냐고 약간은 핀잔하는 투로 특이한 사람이라고 말한다. 그렇다 누가 뭐래도 사철의 자연을 눈에 보이는 대로 좋아한다. 그리고 사람도 보이는 대로 좋아하는 성격이었다. 꽃과 자연을 좋아하는 성격이라 그런지 이웃 사람들은 나를 보고

스마일이라 했다. 평소 길에서 아는 사람을 만나 별 할 말이 없어 그냥 미소로 지나가는 게 나의 인사 방법일 뿐이었다.

우리 큰아이 병원에 입원하고 집에 물건을 챙기러 왔다가 이웃 사람을 보고 그냥 웃으며 인사를 한 적이 있다. 그 즈음은 예수 믿은 지 얼마 되지 않을 무렵이었다. 순간 아이의 입원을 말하다가는 교회 다닌다더니 왜 아이가 아프냐고 말할 것 같았다. 순간 하나님의 영광을 가릴 것 같은 생각이 얼른 떠오르기에 아무 일도 없는 것처럼 웃으며 인사를 했던 것이다.

후일 들리는 말에 그 집 아이가 많이 아프고 큰 병원으로 갔다고 소문이 나니 그럴 리가 없다고 그 엄마는 아침에 만났을 때 아무렇지도 않게 웃고 인사했는데 아이를 병원에 입원시킨 엄마의 얼굴이 아니었다고 둘이서 진실공방을 벌렸다는 것이다. 그렇게 사람들이 본 것처럼 젊었을 때에도 마음이 아프다고 이유 없는 이웃에게 찡그린 얼굴을 잘 보이지 않았다.

이웃을 만나면 할 말 대신에 미소로 인사했던 것이 늘 웃는 사람으로 비추어졌고 '스마일' 이라는 말도 들었던 것 같다. 그것은 사계의 가식 없는 아름다운 풍경을 보며 저절로 웃음이 나와서 몸에 배이지 않았나 생각을 한다.

들에 핀 꽃처럼

시인 중에는 이해인님을 좋아한다. 시를 읽을 때마다 사물을 순수하게 바라보는 마음이 얼마나 고운지 누가 그를 좋아하지 않으랴 했다. 들에 피는 꽃마다 이름이 다르고 향기와 색깔이 다르듯이 삶의 모습과 자연을 점점이 시로 표현하여 꽃보다 시를 예쁘게 쓰는 사람이다. 그런데 이런 아름다운 사람에게도 돌을 던지는 사람이 있어

'억울한 누명을 쓰고 먼 산을 바라본다.'

는 아픈 글을 본적 있다.

들에 핀 꽃은 좋아해도 아무도 시기하거나 질투하지 않고 볼수록 참으로 아름다운 추억으로 남는다. 꽃을 믿어버리듯 외향으로 보이는 이웃 부부나 낯모르는 연인, 친구들이 나란히 걸어가는 풍경을 보며 간혹 참 어울리는구나 싶은 그림이 있다. 그래서 은연중에 외모나 취향이 같으면 좋은 친구이겠지 했는데 근래에 많은 일들로 교훈을 얻었다. 사람은 좋은 관계로 지낼 때는 속내를 조금씩 보이긴 해도 크게 나타나진 않는다. 그리고 나쁜 사람일수록 윗사람들 앞에서는 천사 인척 하는 게

특징이므로 좀처럼 사람 구별하기 힘들다. 또 남의 실적을 제 것으로 이용하는 것도 참 나쁜 부류이다.

그런저런 사람관계 쉽지 않은 게 사소한 언행에서 작은 돌을 던지는 것을 자주 겪으면서도 실수로 보기도하고 그러려니 하고 넘어가기도 한다. 소속의 문제는 더더욱 좋은 게 좋은 거라 적당하게 넘어가주고 잊어버린다. 그러나 작은 돌이 변하여 커다란 바위 같은 돌을 던지고도 태연하게 합리화로 잘못을 상대에게 전가하는가하면. 단체의 리더가 팀들의 생각을 고려하지 않고 자신을 돋보이는 유리한 쪽으로 억지로 끌고 간다. 그래서 자기생각을 무조건 따르라고 고집하고 스스로 선택하고, 상대방의 지혜를 자기 것으로 만들어 생색내고 잘못은 책임을 전가하는 것을 보면서 무엇으로 살기에 저런 행동을 하나 싶어 안타깝기도 했다. 그러나 그 분은 서로 화목하기를 원하고 현재 내가 맡은 일도 여러 가지여서 주위를 깊이 생각할 여유도 없어 모든 문제를 참는 것으로 넘어간다. 그렇게 상대의 속이 빤히 보이는 언행의 반복으로 저건 아니다 싶어도 표현 안하고 넘어가지만 진실을 모를 리 없다.

그렇게 자주 겉과 속이 다른 사람을 겪다보니 비로소 그분의 말씀 중에서 '사람을 외모로 보지마라' 고 하신 뜻을 알게 되었다. 외모로서는 선한지 나쁜 사람인지를 분별이 안 된다.

'물은 건너봐야 깊이를 알 수 있고' '말은 타고 달려보아야 얼마나 빠른지 알 수 있다.' 고 했듯이 한길 사람의 속마음은 날마다 두드려 볼 수도 없으므로 잘 보이지 않는 것이다. 오묘하고 알 수없는 사람의 마음은 오랜 시간이 흐른 뒤에 보이는데 그 곳에는 진실이라는 알맹이가 있어야 한다. 진실이 없고 허무맹랑한 사람이 개인의 인격이기만 하면 누가 뭐라지 않지만 살면서 이웃이나 친구에게 많은 피해를 입히는 게 문제이다. 그런 모양들을 겪다 보니 '마음이 착하고 인격이 된 사람' 어느 것에 비길 수 없는 보석이라는 생각을 갖게 되었다.

누가복음 17:3 '너희는 스스로 조심하라 만일 네 형제가 죄를 범하거든 경고하고 회개하거든 용서하라.'

말씀에 한 표를 덤으로 올린다. 사람은 고의적이 아니래도 불가피하게 죄를 지을 수도 있다. 착한사람은 빨리 잘못을 시인하고 용서를 빌지만 반대의 경우 오히려 자신의 죄를 상대에게 씌우고 황당하게 만드는 사람이 있다.

들에 핀 꽃은 자신의 일을 성실히 수행하며 봄이면 옆자리 꽃을 피우도록 양보하여 동시에 많은 이름의 꽃이 피어나 더 조화롭고 향기를 내며 아름다움을 해마다 선사하며 피고지고 기쁨을 준다. 사람도 혼자서는 그리 이쁠 것도 자랑 할 것도 없다. 한 명보다는 둘이 또는 많은 사람이 더불어 자신의 일이 중요하듯 남의 일도 인정하고 도우며 살아가면 그 분은 기뻐하실 것이다. 우리들도 '들에 핀 꽃' 처럼 남의 일을 방해하지 말며 시기하지 않고 자기 일에만 충실하게 살순 없을까.

10. 성령님 음성이 좋아!

작은 투정도 들으시고

어느 교회에서 구역장을 맡았을 때다. 식구들은 돌아가면서 가정에서 예배를 보는 것을 순리로 알고 순종했다. 그래서 예배 보는 장소를 염려 하지 않았고 설령 불가피한 일이 생겨도 순서를 미루는 일이 없었다. 그러기에 지방에서 서울에 대학을 다니는 아들을 보살피려 일주일씩 왔다 갔다 하면서 내가 맡은 사역을 감당하기엔 아무런 문제가 없었다.

그런데 어느 날 새 가족 초청 잔치를 하려고 구역별 음식 담당이 있어 우리구역 식구들은 분배를 기쁘게 하고 각자 맡은 음식을 하기로 되어 되었다. 모두 신실하여 아무 문제없어도 초청일이 되기 며칠 전에 준비 확인 차 전화를 돌리는데 어느 집사님이 전화를 안 받았다. 휴대폰을 안 받아서 집으로 전화를 해서 아이들에게 엄마에게 전하라고 하고 남편에게도 전화를 해서 연락을 달라는 말을 하기도 했다. 그런데도 이틀 동안 연락이 없어서 마음이 안달이 났다. 그 일을 맡은 사람은 농사짓는 시가집에서 직접 키운 채소로 겉절이를 해오기로 했는데 어쩐 일인지 연락이 안 되는 것이다. 만약에 사정이 있어 준비가 안 되면 얼마든지 다른 방법은 있다. 그럼에도 이들을 소통이 안 되니 교회단체의 일이라 마음이 무척 안 좋았다. 스트레스를 많이 받고 욕실을 들어가다 나도 모르게

"에그, 맘에 안 들어.."

"나도 맘에 안 든다."

라는 음성이 들렸다. 말이 떨어지기도 전에 똑똑하게 이건 분명 성령님의 음성 이었다. 순간의 작은 행동하나를 보고 듣고 계시는 하나님께 민망하고 부끄러웠다. 교회의 일은 하나님이 더 많이 관심을 가지고 그 일의 중심에서 보고 계시다는 걸 느끼게 되었다. 참으로 주님의 일은 사람의 기분대로 함부로 해서는 안 되구나, 하는 깊은 생각을 하게 되었다. 그 분은 이 세상에 살고 있는 사람들의 모든 일을 알며 캄캄한 밤 바위에 기어가는 개미도 보고 있다고 하는 것이 이론이 아니고 현실임을 느끼도록 하신 것이다. 흔히 사람 관계에서 꼭 할 수 있는 일이라 약속을 했어도 불가피하게 변경상황이 생길 수가 있는 것이 다반사이다. 그럴 때는 상대에게 즉시 형편을 알리고 다른 방향으로 꾸려 가면 되는 것이다, 어려운 일이 생겼다고 전화를 안 받는 행동은 상대를 아주곤란하게 하는 것이다. 전날 늦은 밤 겨우 연락이 닿아서 본분을 서로 감당하고 마음을 놓았다. 그 사람은 어차피 할 걸 미루지 않았다면 그 분의 마음을 더 기쁘게 해 드렸을 것이다.

또렷한 음성으로

어느 날 저녁 교회에서 예배를 은혜 중에 끝나고 온 교인이 손을 들고 뜨겁게 기도하는데 하나님의 음성이 또렷하게 들렸다.

"내가 너를 도우리라, 내가 너를 도우리라, 의로운 오른 손으로 너를 도우리라"

그 음성은 지금도 내 귀에 쟁쟁하게 남아 있다. 하루도 주님의 도움 없이는 살 수 없는 걸아시고 계시기에 기도 중에 들려주시는 그 음성을 옆 사람도 들었을까 아님 나만 들었는지 모르지만 저에게 힘을 주시는 감동의 음성이었다. 그렇게 간혹 생각지도 못한 시간에 듣는 음성은 나를 황홀하게 한다.

어느 날에 자주 가는 산책로 산길을 걸으며 교회에서 알 수 없는 갈등의 소재가 떠올라 마음이 울적했다. 아무리 생각해도 그 일은 오해를 받고 있고 누군가의 모함이라는 걸 알기에 무의식중에

"아버지! 이러고 저러고 사람들이 왜 그래요."

"그 사람의 모든 것이 오래가지 않는다."

라고 또렷하고 명쾌한 답을 주시기에

"그럼 목사님은 왜 그러세요."

"몰라서 그렇다."

얼른 답하시면서 두둔하시는 걸 느끼도록 똑똑하게 깨달을 수 있도록 말씀을 하셨다. 물론 그 일은 목사님께서는 잘못 전해 들으셨을 뿐이라는 걸 알고는 있었지만 무의식중에 물어본 그 말을 얼른 답하시고 대변하시는 속에 목사님을 많이 사랑하심을 알게 하셨다. 목사님은 성도들의 영적아버지고 지도자이시지만 그 분에게는 아들이기에 바른 사랑을 표현해 주셨다.

이번 문제와 사건의 주제가 사람들이고 가장 핵심적인 행동의 3인칭의 속마음을 동시에 설명해주시는 것에 깜짝 놀랐다. 정말 하나님은 한 사람 한 사람의 심령을 감찰하시고 세상 모든 이의 마음속을 훤히 알고 계신다는 것을 한순간에 일깨워 주셨다. 사람들은 보통 이기적이고 본인 필요하면 어떤 경우이든 나쁜 맘으로 상대를 속이고 모함하여 괴롭게 하여도 두려워할 상대가 아니라는 것이다. 이사건의 진행처럼 우리들의 살아가는 모습을 밤낮으로 지켜보시고 선, 악을 구분하시는 그 분이 계시다는 것을 기억하고 늘 영적으로 깨어 있어야 한다는 생각을 하게 되였다.

네가 참아라!

남편은 가족이고 우리의 보호자이면서도 깜빡하는 것처럼 집안일을 신경을 안 쓴다 싶을 때가 많다. 어느 날은 학교 전체 교직원들과 여행을 가서 연락이 없기에

"하나님 아버지! 거.. 보세요. 남편이 저러잖아요."

"네가 참아라! 네가 참아라."

음성이 들린다. 또 갑자기 생긴 문제를 놓고 고집을 부리고 있으면 마음이 안 좋아서

"저래서 정말 맘에 안 들어요."

"네가 참아라! 네가 참아라!"

하시기에 참아주면 고집이 바뀔 줄 알았더니 고집 한 점 바뀌지 않는다. 사람의 습관하나 고치는 것이 백년이 걸린다더니 늘 본인 생각대로 하면서 말로는 항상 당신만한 사람이 없고 사랑한다는 말을 잘한다. 말과 행동이 다르다 싶어 싫은데 하나님은 남편의 무엇을 보고 편들어주나 했더니 운전으로 나의 볼일을 도와주는 것이 있고 또 대전의 교회에서 성가대 지휘 봉사를 하는 것을 좋아하시기도 했을 것이다. 그러나 학교에서

는 집안을 소홀히 하는 댓가로 상을 자주 들고 왔다. 스승의 날에는 학생 교육의 모범상을 또는 국무총리 표창장등 여러 가지 상을 해마다 받아 오더니 퇴임식에는 '대통령 훈장' 을 받기도 하였다. 이런 남편의 점수는 새로운 학기에 담임을 맡으면 보기에는 똑똑해 보여도 기가 한 없이 죽은 학생이 꼭 있다는 것이다. 그런 학생을 가까이해서 기도 살리고 공부도 잘하게 하는 것이 보람이라는 것이다. 그런 숨은 교육의 대가로 보이기도 한다. 가정에서는 눈에 보이지 않는 고집이 늘 문제다. 의상도 편한 걸 주장하고 아무렇게 입고 다니는 것이 그렇다. 우리 친정조카는 나와는 9살 차이로 여자인데 어릴 적부터 옷 잘 입고 노래잘하고 귀엽고 똑 소리가 난다. 둘째도 여자인데 평소 말은 없어도 고모를 잘 챙기고 정이 많은 예쁜 피붙이 들이다. 그런 조카의 말이다. 한번은 조카회사 직원들 행사가 있는 운동장에 남편이 모양도 안내고 텁수룩하게 나타났기에 사람들에게 소개하지도 않았다는 말을 했다. 그처럼 우리친정에는 특별한 가식은 아니래도 외모도 기본은 되어야 한다는 것을 보고 듣고 자랐다. 그럼에도 남편은 편한 것이 최고로 머리에서부터 의상도 가꾸지를 않는 사람이다. 반대로 서울 사는 친정 오라버니는 매일 잘 다듬고 다니니 아주 멋있고 보기 좋은데 올케는 남자가 너무 깔끔을 떤다며 그게 싫다니 무엇이 옳은지 그것도 답은 없다.

기도 그리고 환상으로

몇 해 전이다. 평소 생각지도 않았던 아들을 미국 들어가게 해달라는 총알기도를 한 구절을 하게 하셨다. 연속적인 기도도 아니고 한마디로 끝나고 잊어버렸다. 그 후 얼마 되지 않았는데 아들이 집에 오더니

"엄마! 갑자기 미국으로 가게 됐어요."

그 말에 너무 놀랐다. 아니 그 기도는 얼마 전에 길가다가 갑자기 튀어나온 기도였다. 그 분은 내가 길을 가면서 집에서나 어디든지 한 마디의 기도라도 필요하면 급하게 하도록 하셔서 간섭 하시고 응대하시는 분이다. 그렇다는 걸 자주 느끼고 살지만 미국 간다는 것은 아들도 감쪽같이 몰랐던 것이 사실이다. 그 말을 듣기 전 한달 전에 이사를 했으니까. 이렇게 점점이 기도하게 하시고 우리의 길을 인도하시고 도와주시는 것이다. 대학을 다니는 아들이 예수 전도단 청년 활동으로 외국으로 자주 떠나 있는 기간이 길다 싶어,,

"아버지! 그릇을 만들어서 쓰야지요, 쓰야지요."

그렇게 무릎 꿇고 기도할 때 마다 환상으로 환히 보여주시는 모자를 보았는데 아들이 군 입대 장교 소위 임관식에서 그 모

자를 쓰고 있는 걸 보았다. 너무 신기하다 하였으나 그 당시는 멋모르고 넘겼는데 생각해보니 너무너무 감사한 마음이 든다. 환상으로 보이시고 직접 현실에서 눈으로 보이도록 응답해주시니 신기하여 또 깊이 기도하였다.

장교 후에는 어떤 길이냐고 물었을 때에도 환상으로 우리의 꿈과 비슷한 길을 보여주시었다. 그러고 보면 한치 앞을 모르는 우리는 염려하고 있어도 그 분은 그 아들이 무슨 일을 하든지 성장의 과정이고 훈련이라는 사실을 보여주시는 것이다. 아들이 대학을 다니며 만나는 여자 친구 문제로 기도 할 적에 필요하면 환한 웃음이 연속으로 지나가는 것을 보여주시기도 하고 때로는 사탄의 방해를 군인화로 밟아버리는 현장도 생생하게 보여 주셨다.

우리는 날마다 멋모르고 까불면서도 한치 앞을 몰라서 아등바등 힘들어 하는데 그분은 진짜로 사람의 모든 것을 미리 예비하고 계시다는걸 알게 하셨다. 약속을 어기지 아니하시는 그분께서 앞으로도 보여주신 대로 역사해 주실 은혜를 믿고 깊은 감사를 드리고 있다. 심령을 감찰하시고 미래도 아시는 성령님은 참 좋으시며 최고! 최고! 이십니다.

11. 바람처럼 외로운 날

귀뚜라미 연주

한 주간을 매일 바쁘게 보내고 토요일 아침은 느긋하게 쉬고 싶은 날이다. 출근이 있어 들쭉날쭉 새벽기도를 나가지만 토요일은 그것마저도 쉬고 싶다. 첫 주 토요일 새벽성찬이 있는 날에만 새벽기도를 나가고 유일하게 아침도 안 먹고 딩굴고 싶은 날이다.

처서를 앞두고 며칠 장맛비가 내리더니 그치지 않고 오락가락 비가오더니 한여름 더위가 물러가면서 서늘한 날씨로 변하였다. 어김없이 새벽에 잠이 깨고 침대에 누워서 오늘 할 일을 떠올린다. 누구네 축하 행사는 없는지, 이런저런 생각을 하는데 마침 오늘은 아무 행사가 없어 일어나 글을 쓸까 하는데 창가에서 귀뚜라미 울음소리가 들린다.

참으로 또렷하게 또르르! 또르르! 짜르르르! 청아하기도 하고 가냘프기도 하여 노래가사는 분별이 안 되지만 해마다 들어서인지 반갑기 그지없다. 잡음 없는 새벽시간 귀를 바짝 기울여 발가락으로 장단을 맞추며 듣다가 소리가 잦아들 즈음 자리에서 일어나 컴퓨터 앞에 앉았다.

글을 쓰다 배가고파 냉장고를 열다가 함께 먹을 식구가 없으니 텅 빈 집안이 외로움이 엄습해왔다. 귀찮아서 소파에 털석 앉는데 귀뚜라미 한 마리가 거실가운데에서 천천히 내 앞으로 걸어오고 있다. 보통은 사람을 피해 다니는 게 곤충인데 마음도 통하면 이심전심인가 새벽에 열창을 감동으로 들어준 나를 알아본 것일까? 몸집은 통통하고 다리는 길게 뒤로 접고 날기도 잘하고 음정도 높게 하기에 좋은 이쁜 모양새를 갖춘 귀뚜라미가 뚜벅뚜벅 천천히 걸어오고 있다.

메뚜기도 여름 한철이라는데 가을귀뚜라미도 가을준비로 할 일도 많을 텐데 내 앞으로 오는걸 보고 이 시간 유일한 친구처럼 느껴졌다.

"귀뚜라미야! 네가 외롭다는 나를 위로하러 나왔구나."

지금은 네가 가족보다 친구보다 낫구나. 무엇으로 보답할 수 있겠니. 뭘 먹는지 어디를 좋아하는지 너를 아는 게 아무것도 없어 미안하구나. 그래도 한 가지 알고 싶다. 오늘 나에게 외로움을 달래주려고 다가와 친구가 되어준 그 배려는 어디서 배웠니? 너도 분명 창조주 그분에게서 배웠을 꺼라는 생각이 든다.

머뭇거리며 느릿느릿 소파 밑으로 들어가는 귀뚜라미의 귓등에 대고

"고맙다, 친구야! 잘가라.. 다음에 또 들려다오 가을노래를..
그리고 안녕! 안녕!"

그날이 그날이고

문득 미국 있는 아들이 보고 싶어 카톡을 했다. 사진들을 주루룩 올려주는 아들에게 답을 보내고 있는데도 괜스레 외로움이 엄습해왔다. 여름휴가는 제주도에 일을 볼겸 다녀왔기에 마음을 채우지 못했고 아이들이 둘 다 떠난 우리 집은 그날이 그날이고 심심하기 짝이 없다. 장남인 아들이 미국 들어가기 전에는 일주일 내지는 이주일이면 대문을 열고 들어와서 집안이 사람 사는 집처럼 행복했었다. 둘째는 회사가 멀기도 하고 늦게 마치니 밤 10시를 넘어서야 간혹 들러서 짧은 이야기 나누고 돌아간다.

부모 자식은 천륜이라서 그런가는 몰라도 이쁜 짓을 하여도 미운 짓을 하여도 뗄 수 없어서 보고 싶고 만나고 싶다. 지난 추석에는 구청에 휴가를 얻어서 미국에 들어가서 아들 사는 것을 보고 돌아왔다. 년 말에는 아들이 귀국하여 우리 집에 왔다 갔는데 못 만난 지 벌써 9개월이 넘었다. 보고 싶은 아들이 눈에 선하게 들어온다. 국내에 있을 때는 일주일이 지나면

"엄마! 이번 주말에 갈게요."

하고 문자가 온다. 아들이 온다는 연락은 마음이 즐겁고 반

갑다. 식사는 뭘 해줄까 부터 다른 일이 있어도 미루고 아들이 기다리는 것이 기쁨이다. 토요일을 잔뜩 기다리는데 금요일쯤 급한 일이 생겨서 못 온다며 미안하다고 연락이오면 왔다가는 바람처럼 외로움이 뜬다. 그래도 다음주일을 기약하면서 기다리곤 했었다.

부모는 자식을 하늘에 별처럼 바라보는 것이라고 어느 책에서 봤는데도 주책이 없는가보다. 아이들 얼굴이 보고 싶을 때나 대화하고 싶을 때 곁에 없으니 쓸쓸한 기분이 한 두 번이 아니다. 그렇게 가족으로 채워야 되는 사랑이 늘 비어 있어 외로움이 많이 오는가보다.

지금은 가족이라야 둘이지만 친척도 가까이에 있고 직장 사무실에서 날마다 만나는 사람과 일을 하기도 한다. 또 아파트 단지에 출장을 가면 입대의 대표회장과 동 대표들을 만나 회의하고 커뮤니티 활성화 사업을 하면서 좋은 사람들도 많이 만난다. 그러나 매일 출근하므로 글을 쓰지 못하는 게 아쉬워서 직장을 그만 둘까 하다가도 다니고 있다. 그렇게 주위 사람들을 많이 있어도 군중 속에 외로움이라더니 뭔가 허전해질 때가 있는 것은 올망 똘망 붙어있던 새끼들이 둥지를 떠났기 때문인 것이다. 이럴 때 글이라는 친구가 곁에 없으면 한없이 우울해질 것이다. 그러고 보면 나이 들어 외로워 질까봐 나를 위해 글이라는 친구를 예비해주시고 도와주신 그분이 한없이 고맙고 감사한 마음이다.

그 바다

바위섬에 꽃을 피우고
갈매기 울음을 토하며
춤추고 싶은 영혼들이

해 저물 무렵
모닥불 튀는 연기 속으로
옛사람의 쓸쓸한 너털웃음 들리고

오늘은 잔잔한 벌판
소금기 절인 냄새 속으로
그림자 발걸음 서성이는데

중천에 뜬달 이제나 저제나
기웃거리다 방향을 잃고 우는
파도를 키질하는 청사포 바다

제주도 꽃사슴

제주도에는 가족과 함께 가기도 하지만 친구랑 둘이서도 편하게 가는 편이다. 짧은 시간 비행기를 타고 가장 편하게 찾아갈수 있어 여행지로 좋은 곳이다. 갈 때마다 보이는 것들은 모두가 아름다운 곳이다. 등에서 윤기가 자르르 흐르고 다리가 길고 머리털과 꼬리털이 풍성하여 보기만 해도 멋있는 말 들이 들에서 한가히 풀을 뜯고 있는 모습은 제주도의 상징이다. 올해는 민첩하고 영리한 날쌘 청마의 해이기도 하여 더 많이 좋아 보인다.

봄이면 지천으로 피어있는 유채꽃을 만나고 여름이면 천제연 폭포 물줄기에 땀을 식히는 곳이다. 언제였던가 부산에 사는 언니라고 부르는 동생인 미란이와 늦가을 억새 길을 따라 드라이브를 하면서 신나게 달리고 또 달리며 억새밭에서 사진을 찍으며 행복했었다. 어느 해 겨울에는 눈바람을 맞으며 날아 갈 뻔 했던 곳 누구나 아는 바람이 많은 곳이기도 하다.

올여름도 잠시 제주에 사는 지인의 차를 타고 산과 들을 드라이브하고 있는데 숲속에서 불쑥 사슴이 도로 위에 튀어나와서 오르막길의 우리차를 정면으로 바라보는 것이었다.

간혹 산길에서나 산을 지나는 고속도로에서 출현하여 쏜살같이 지나가는 사슴의 뒷모습은 본듯 만듯하여 그림이 그려지지 않았는데 이번에는 사람의 얼굴과 정면으로 바라보듯이 마주쳤다. 앗! 사슴이다. 별 경계 없이 바라보는 그 눈빛이 너무 부드럽고, 쫑긋한 귀, 갸름한 얼굴, 긴 다리가 정말 환상적으로 멋이 있었다. 동물원에 갇혀있어 털이 퇴색한 사슴이 아니라 늘 자유롭게 들과 산을 누비며 세련되어진 자태와 몸빛은 멋있다고만 표현하기에 부족하였다. 안아주고 만지지 못해도 잠시 만난 사슴은 마음에 강하게 남았다. 크리스마스의 엽서에 자주 등장하고 12월 캐롤송에 빠지지 않는 사슴의 진짜 모습을 좋은 그림하나 수놓았던 여름휴가로 새로움을 담았다.

며칠 후 집으로 돌아와서 저녁뉴스를 보는데 제주의 소식을 통해 요즘 많은 사슴들이 산에서 내려와 농작물을 해치고 있다고 한다. 저녁뉴스를 보는데 사슴은 깜깜한 밤 콩밭과 당근 밭에 내려와서 먹이를 먹다가 전등 불빛을 따라 사람들에게 쫓기는 모습을 보게 되었다. 사람들은 피해를 막으려고 망을 두르기도 하고 총을 사용한다고도 한다. 총에 맞아 죽은 사슴을 끌고나와 보양식 집으로 약즙으로 사용한다는 것이다.

"우와!· 저를 어째. 저 예쁜 사슴들을 그냥 두세요."

나도 모르게 큰소리가 나왔다. 마음이 아파서 그 뉴스를 보지 말았으면 좋았을 걸 했다. 문득 제주에 땅을 구입해서 사슴이 좋아하는 식물을 심어놓고 편하게 맘대로 와서 먹고 놀고 하게하여 함께 살았으면 하는 상상을 해본다. 그분의 최상의 작품 동물 사슴을 보호 하도록 그런 현실을 꿈꾸어 봐야지.

12. 나누어 주라

논술은 힘이다

논술이란?

'자기의 생각이나 주장을 논리적으로 적어서 남을 설득시키는 글이다. 즉 생각의 힘을 길러주는 것이다. 21세기 첨단기술과 문화 속에서 살아가는 우리는 논리적인 말과 글이 없이는 통할 수 없다.'

(미)하버드대 논술 강좌 낸시 소머즈 박사는

"작문은 단순히 대학에 들어가기 위한 필수 능력일 뿐 아니라 대학에 들어가서도 지속적으로 필요한 핵심 역량."

이라고 한다. 요즘은 공부 방식도 변했다. 단순히 사지선다형의 답 보다는 창의적인 생각과 글을 원한다. 글을 쓴다는 것은 배운 내용을 요약하는 것이 아닌 자신이 무슨 생각을 하고 있는지 왜, 그런 생각을 가졌는지를 발견하고 그 생각들이 타당한가를 고민하는 과정이다. 스스로에게 왜? 라는 질문을 던지고 객관적 사실을 바탕으로 논리적으로 대답하려는 노력인 것이다.

글 쓰는 것을 통해 비로소 '지식의 세계' 일원이 되는 것이

다. 2007년도 서울대 수시모집 논술고사 최고점을 받은 대구의 최나은 양은

“논술 공부는 어디서 어떻게 했나.”

라는 질문을 받고

“학원보다는 학교에서 많이 읽고 많이 써 본 게 힘.”

이라고 대답했다. 작년까지 대학의 당락이 논술에 달렸다고 해도 과언이 아니었다. 대입을 위해 중학교에 논술반이 있어 학생들에게 논술을 가르쳤다. 지도계획은 이론과 글쓰기를 병행하며 독서 토론을 통해 창의적인 사고를 끌어내는 것이다. 소설을 읽고 인물 분석하기, 시대적 배경 조사, 느낌을 내 견해로 글을 써보고 친구들과 토론을 하며 자신의 생각과 다른 사람의 느낌을 대조하며 옳고 그름을 발견한다. 문제 해결에 필요한 설명을 듣고 구술쓰기에 대한 지식과 과정을 습득한다. 고전과 세계명작을 읽고 다양한 형태의 수업을 하다보면 보람의 순간을 자주 만난다.

톨스토이의 이반일리치의 죽음 이란 책을 읽고 학생들과 토론을 한 적이 있다. 이반일리치는 마흔다섯 살에 재판소 판사로 죽음을 맞게 된다. 그는 집안의 자랑스런 존재로 실패 없이 승승장구 한다. 남부럽지 않은 가정과 아내와 아들, 딸을 둔 가장으로서 최선을 다한다. 어느 날 그는 새로 구입한 집을 직접 꾸미고 가꾸다가 높은 곳에서 떨어져 병을 얻게 된다. 차츰 병은 깊어지고 가족은 이반일리치를 사랑하긴 하지만 그들에게

있어 무엇보다 중요한 건 자신의 행복이다. 심지어 그를 가정의 분위기를 흐려놓는 귀찮은 존재, 행복을 방해하는 방해꾼으로 느끼기도 한다. 아무도 자신을 가엽게 생각해주지 않았고 누구도 그의 상태를 진실로 이해하려 들지 않았다.

허위이외에 또는 허위의 결과로 이반일리치를 가장 괴롭히는 것은 누구 한사람 그를 위해 그가 원하는 방식으로 동정해주지 않는 것이었다. 단하나의 현실인, 끈덕지게 엄습해오는 언제나 무섭고 미운 죽음, 그리고 항상 변함없는 예의 그 허위...

도대체 이반일리치는 울고 싶었다. 결국 이반일리치는 가족들로부터 소외되고 죽음을 눈앞에 두고 배신감에 더욱 비참해진다.

그 때 순박한 농민 '게라심' 이라는 청년이 병간호를 맡는다. 단 한사람 게라심 만이 그의 처지를 이해하고 그를 가엽게 생각했다. 그는 병자라면 모든 보살핌을 받아야 한다는 생각으로 진심으로 정성껏 이반일리치를 간호한다. 게라심이 어떤 때는 밤새껏 그의 다리를 들어주면서 자러 갈 생각도 안하며,

"걱정하지 마십시오, 나리 마님. 저는 언제든지 잘 수 있는걸요. 라고 하거나 또는 농군들의 막말을 써가면서, 임자 네가 병이 아닐지라도 내가 그래, 시중을 안 들어줄 수 있는 가배." 라고 말하면서 그를 위안 해줄 때가 그에게는 가장 즐거운 것이었다.

게라심 한사람만이 그에게 거짓으로 대하는 법이 없었다. 한

번은 이반일리치가 그를 그만 돌려보내려 하자 아주 터놓고

“누구나 언젠가는 죽는 걸요. 제가 어떻게 몸을 아끼겠습니까? ”

아마도 그 말뜻은 이렇게 수고를 아끼지 않는 이유는 죽어가는 사람을 위해 정성껏 돌봐 줌으로써 언젠가 때가오면 자기를 위해서도 누군가가 돌봐주게 될 것으로 믿고 있다는 실정을 표현한 것이다.

게라심은 병들어 야위어 버린 주인을 지극한 정성으로 가엾이 여기고 있음을 알았다. 가족이 아닌 게라심의 손길에서 비로소 안정을 맛보고 자신의 삶을 진지하게 반성하며 허위에 가득 찬 자신의 삶을 발견한다. 이반일리치는 어떻게 해야 참된 삶을 사는 것인가에 대한 답을 죽음을 맞이하면서 알게 되었다. 그것은 이미 다른 사람들과 공유할 수 없는 것이 되어 있었다.

이 소설을 함께 공부한 중2의 한 남학생은 자신의 깨달음을 고백하며 글을 썼다. 그동안 병원에 입원하신 아버지께 너무 소홀했다. 병원 심부름을 거역하며 오락 즐기기에 빠져있었다. 앞으로는 입원한 아버지를 정성껏 도우겠다는 진솔한 소감 등을 쓰고 학생들 앞에서 발표했다.

중3의 여학생은 방학 중에 책을 읽기로 결심했다며 서점에서 책을 사고 있는 중이라고 감사의 문자도 보내오며 논술반 시간에 학생들은 결석하지 않았다. 옆 반의 영어 선생님은 나

에게 학생들을 많이 모이게 하는 방법이 다로 있냐고 물어보기도 했다.

학생들이 논술 반에 처음 들어오면 질문을 한다.

"논술을 무엇이라 생각하는가, 책은 얼마나 읽고 있는가."

라는 대답으로 논술은 어렵고 딱딱하고 재미없다고 생각한다. 책 읽기는 시간이 없어 읽지 못한다. 라고 대답하고 논술은 싫은데 어머니와 선생님으로부터 등 떠밀려 왔다며 시큰둥하던 학생들이 이제는 논술이 쉽고 재미있어졌다고 말한다. 차츰 논술공부에 흥미를 느끼고 자발적인 참여를 높이는 학생들에게는 다양한 변화와 지식을 겸하는 것이다.

그동안 대학에서 논술 채점과정의 기준이 까다롭다는 지면의 소리도 있었고 어느 대학 논제의 김춘수의 "꽃" 이라는 시를 똑같은 유형의 글을 쓴 학생들이 많아 학원수업의 폐단이라는 실망의 소리도 들렸다. 대학 수능을 치르기까지 글쓰기는 멀리하다가 논술시험을 앞두고 대학의 정보를 얻어 급하게 가르치는 학원의 수업이 빚어낸 결과이다. 그런 부분적인 일도 없진 않지만 그보다 더 많은 학생들이 논술공부를 통해 얻는 지식과 변화의 값은 무엇과도 바꿀 수 없는 큰 것이라 생각한다.

그런데 대입제도의 논술폐지란 제도가 들린다. 반응은 빠르게 파급되어 학생들과 학부모들은 논술은 멀리하고 영어로만 몰리고 있다고 한다. 이런 현상이라면 독서는 멀어질게 뻔하다. 학습교육현장에서 알 수 있듯이 책읽기가 멀어지는 학생들은 머리만 있고 가슴은 냉랭한 사람으로 커갈 것이다.

학문은 깊고 인성이 부족한 사회는 밝지 못할 것 이라고 본다. 논술은 국어 과목에만 국한된 것이 아니고 모든 교과의 종합적인 사고능력 계발에 필수적인 과정이다. 어느 나라 못지않게 학벌과 학문을 중시하는 우리나라의 미래를 위해서라도 대학은 논술폐지를 한번 고려해보아야 한다고 본다. 논술을 쓰기 위해서라도 책을 읽는 학생이 늘어난다면 미래는 밝고 건강한 사회를 보장받으리라 믿어지기 때문이다.

- 2007년 2월

봉사 상

믿음생활을 하면서 말씀대로 실천하며 살고 있는지 내게 묻게 되었다. 남을 위해 베풀고 나누어 주라는 말씀이 맴돌았다. 내가 할 수 있는 것은 하나님이 주신 은사 논술지도사를 이용하는 것이다. 그동안 중학교에서 방과 후 논술을 가르치며 교회에서 고 3짜리 논술쓰기를 가르쳐서 명문대에 특기생으로 들어가게 했던 것도 수강료를 받았다. 이제는 봉사를 하는 것이 바람직하다는 생각을 했다.

구청에 연락을 하여 혹시 불우한 소년 소녀 가장이 있다면 기꺼이 논술을 가르치고 돌보겠다는 자원봉사 신청을 했다. 그러고 한 달 뒤 소년 소녀 가장이 아니라 청소년 학습 관에서 중고등학생 논술을 가르쳐 달라는 것이었다. 사실 내 생각으로는 소년소녀 가장이라면 토요일에 집으로 불러서 논술을 가르치고 무엇이 필요한지 도와주고 함께하고 가족같이 지내며 남모르게 도와주고 싶었다. 그러나 구청에는 소년소녀 가장은 조사 된바가 없어 구할 수가 없다는 것이다.

시간은 저녁 7시라고 하는데 그해에는 송파구청에서 근무를 마치고 오면 시간이 빠듯해서 고민이 되었다. 그래도 기회가 왔을 때 자원하는 맘으로 해야지 하는 생각으로 흔쾌히 대답을 했다. 그리고 학생들을 가르치려는 의지와 봉사하는 맘으로 열심히 하려고 노력해도 현실은 퇴근시간이 너무나 바쁘고 힘들었다. 어떨 땐 시간이 늦어서 학생들에게 전화를 하고 미안한 맘으로 달려가기도 하고 퇴근시간을 당기려고 노력해보기도 했지만 그야말로 정성이 부족한 논술을 가르치게 되었다.

그런 상황의 힘든 것도 괜찮은데 중요한 건 이곳에 모인 학생들은 부모님이 있어도 가정형편이 어렵다보니 신경을 안 쓰고 공부에 관심 없는 아이들이라 딱하기 그지없었다.

가정형편이 어려울수록 공부를 열심히 해야 하는데 15명의 학생 중에 2명을 제외하고는 들쭉날쭉하며 건성이어서 더욱 안타깝게 하였다. 그렇게 6개월을 보내고 겨울학기 방학이 되었을 때 영어, 논술, 수학을 배우던 학생들을 각 학원으로 배치하는 결정을 하였다. 처음부터 생각했던 나의 의도와는 다른 환경의 수업이기도 했지만 시간상 정성이 부족했다 싶어 아쉬움이 많았던 봉사에 불과했다. 지금도 청소년 소녀소년 가장이 있다면 좋은 관계를 맺고 논술로 세상사는 방법도 나누고 도와주고 싶은 맘이 가득하다. 그리고 실제는 예수 모르는 아이들이라면 교회로 데리고 온다는 사명을 실천 하고자하는 마음이 있다는 것을 그분은 알고 계신다.

"아버지 그런 아이들을 도우도록 기회를 주십시오."

짧은 기간이래도 돌아볼수록 못다 한 것 같은 논술을 마무리를 하고 얼마 되지 않았는데 생각지도 않았던 상을 받으러 오라고 했다. 사양하고 싶어도 가르친 선생님들 4명이 받는 것이라 안 갈수 없었고 은평구청장으로부터 배보다 배꼽이 큰 봉사상을 받았다. 봉사는 봉사로 끝나야 하는데 남을 도우는 것은 왼팔이 하는 것을 오른팔이 모르게 하라고 했는데 이미 상을 받아 버렸다.

행복 도우미

2009년 교회에서 독거노인을 돕는 도우미를 153명 뽑았다. 그리고 신당3동 주민센터와 협조하여 153행복도우미로 정하고 실행해왔다. 도우미들의 실제 활동은 한분의 독거노인을 담당하여 만나기도하고 찾아가서 말벗도 되어주고 전화로 안부도 물으며 도와주는 것이다.

처음에는 김장김치도 나누고 슈퍼 시장도 봐주기도 하며 자주 만나기도 하였다. 그러다 이사도 하고 멀어져서 한 달 야쿠르트 값을 지불하는 형식으로 바뀌었다. 처음처럼 열정적으로 섬기지도 못하고 형식적인 봉사가 돼 버렸다. 그러나 한사람 할머니와 의 관계는 늘 이어지고 있고 전화 안부라도 하면 늘 고맙다는 말을 하고 계신다. 참으로 작은 보잘것없는 일인데 도리어 미안하기도 하다. 그런데 어느 날 자원봉사단 발대식에 참가하라는 연락을 받고 참가하였더니 '봉사활동수첩'을 만들어 주었다. 그리고 그 수첩에 그동안의 봉사기록 내용이 기재되었다. 그것도 흔적으로 남았다.

작은 것이라도

서울시내의 지하철 안에서나 거리에서 구걸하는 사람들을 만나게 된다. 간혹은 몸이 성하지 못한 사람이 지하철 좌석에 앉은 사람들 무릎위에 동정의 글을 돌리기도 하는 모습도 있다. 모두들 외면하고 글의 종이도 쳐다보지 않는다. 지갑을 열어 작은 지폐 하나라도 하는 마음으로 실천한다.

어느 날은 앞에 앉아 빤히 쳐다보는 사람 앞에서 지갑을 열다가 괜히 그 사람이 미안할까봐 자리에서 일어나 다른 칸으로 따라가서 주고 내리기도 하였다. 그런 실천도 어느 날부터 '너무 적게 주잖아' 하는 마음에 울림이 있어 파란 지폐를 주고 내리니 그나마 괜찮았다. 특히 겨울에 지하철 계단에 앉아 구걸하는 사람을 보면 뛰어가던 발걸음을 멈추고 얼마나 추울까 하는 안타가운 마음으로 지폐 한 장 꺼내다가 그래도

"밥 한 끼라도 먹을 돈은 돼야지."

하는 음성을 듣고 그래 맞다. 하고 실천을 한다. 그렇게 작은 순간에도 양심의 소리는 아닐 테고 얼른 실천을 도우는 성령님의 간섭이 아닌가 싶다. 간혹은 진짜 너무 바빠서 그냥 지나치

면 하루 동안은 어쩐지 개운치가 않다. 그렇게 도움을 줄 수 있는 기회가 있을 적마다 놓치지 않고 실천 한다 해도 그 손길은 아주 작은 일이다.

어느 설날에 주민 센터에 연락을 해서 낯모르고 형편이 어려운 이웃에게 떡국 한 그릇이라도 나누어 주고 싶다고 했다. 소개받은 집으로 가족에게 배달을 보내기도 했지만 마음이 원하는 만큼의 분량이 안 되는 것 같아 아쉬움만 남았다.

늘 불우 이웃을 돕고 싶은 마음보다 실천이 부족하다는 생각이 든다. 간혹은 음식이나 물건을 이웃이나 평소 고마운 지인들에게 나누다보면 꼭 답으로 준 것 이상으로 돌려받게 되는 것이다. 그래서 오히려 상대로부터 부담감을 주거나 받기 위함이라는 생각이 그것도 망설이다가 그만두는 경우도 많다.

남편이 현직에 있을 때는 스승의 날에 양말이며 손수건 꿀이랑 다양한 것을 들고 왔다. 그래서 늘 느끼는 게 이렇게 받은 것을 우리는 어디서 갚나하는 생각을 했었다. 나눔의 실천으로 그나마 거리에서 구걸하는 사람을 만나면 그들에게 자꾸

"작은 것이라도 주라."

는 소리가 들린다. 그래도 이작은 나눔은 돌려받지 않아도 되는 계산이 없는 것이어서 조금은 다행이다

13. 가을에는 편지를 부쳐요

박현용 과장님께!

여름 소낙비가 메마른 땅에 주룩주룩 쏟아지는 날, 우산을 받쳐 들고 중구 구청을 나서며 문득 과장님 생각이 났습니다. 굵은 빗방울이 더위와 갈증으로 늘어진 나무에게 단비처럼 저에게 꽃을 피우게 하신 일을 한 번쯤은 전하고 싶었습니다. 저와 처음 만남은 송파구청 주택과 과장님으로 인자하게 맞이해 주셨는데 어쩌면 짧은 인사로 끝날 뻔 했었지요. 첫인사 자리에서 출, 퇴근 거리에 문제가 있음을 말씀드리며 일을 하다 중간이동을 할 수 있다는 입장을 감싸주고 이해하는 넉넉함의 인격에 늘 고개 숙이게 합니다.

2012년 2월 서울시청의 커뮤니티 전문가로 송파구청 주택과에 배치를 받은 날 여러 선생님들과 저도 왜, 출근지가 여기인지 어리둥절하여 수런거리기 시작했습니다. 어제저녁 집근처의 구청으로 배정되었다고 관계자 여러분들이 축하해주었거든요

전년도 성북구청에서는 그동안 활동했던 '공동주택 커뮤니티 활성화사업' 책 출간 글쓰기와 사진 편집을 부탁 하면서 짧은 기간의 일을 통해서 담당 계장님은 높은 점수를 주시며 연장근

무를 해달라고 했습니다. 그런데 갑자기 서울시청에서 아파트 단지와 접근하기 쉬운 가까운 구청으로 신청하라는 연락을 받았고 또 그렇게 되었습니다.

그런데 엉뚱하게도 하루 밤 사이 근무지가 바뀐 것을 알고 섭섭하고 또 성북구청에 민망 하여 일을 접기로 했습니다. 그러나 교육담당 선생님은 서울시와 협의하여 2~3개월 후 원래의 배치했던 구청으로 보내주겠다는 약속을 받았다며 극구 출근하기를 권했습니다.

어쩔 수없이 찬 공기가 볼을 스치고 손도 마음도 시린 채로 송파구청 주택과에 첫 출근을 하였습니다. 서울시의 정책이라지만 '공동주택 커뮤니티 전문가' 라는 이름조차 생소한 인사자리에서 배치 문제와 당분간이 지나면 다른 곳으로 가기로 되어 있음을 스스럼없이 말했습니다.

과장님께서는 그럼 서울시와 다시 의논하고 본인도 결정해달라고 했습니다. 다행이다 싶어 서울시청에 연락하고 송파구에는 안가겠다고 보고를 하고 출근을 안 하고 있었습니다. 그런 며칠 후에 과장님은 '혹 근무하다가 중간에 다른 구로 가게 되더라도 인수인계 잘해주고 받는 사람에게 잘 가르쳐 달라' 는 말씀으로 출근을 하라는 것이었습니다. 일을 하다 중간이동을 하면 책임감이 없기에 망설이던 마음을 헤아리고 흔쾌히 받아주셨습니다. 그리고 과장님께서 저를 국장실로 데리고 갔습니다. 국장님의 질의도 받는 시간이 지났습니다. 국장님은 먼 길이지만 우리 송파구를 잘 부탁 한다는 악수를 하셨습니다.

'이런 일의 원인은 커뮤니티전문가 선발과정에서 만난 그녀는 우리기수에서 불합격하였음에도 전문가의 일을 너무 간절히 원하여 아주 핵심적 조언을 해주었더니 그것으로 다음해에 합격했음에도 내 자리를 흔드는 일을 했다는 것이다. 그렇게 속은 서울시 담당주무관과 선생님들이 갑자기 곤란을 당하고 황당했던 일이 일어났다.'

이런 배경을 알고 서울시청 공무원과 담당선생님이 발 빠른 수습에 들어갔지만 시간이 필요했습니다. 그럼에도 언제 갈지도 모르는 저를 스스럼없이 기간이 정상 기록된 위촉장을 국장님으로부터 수여식을 해주신 과장님의 마음 넓이는 잴 수가 없을 만큼 넓고 깊었음을 느낄 수가 있었습니다. 그 일의 감사로 비로소 공중에 뜬 마음을 정리하고 거리가 멀더라도 불평하지 않고 출 퇴근하기로 맘먹고 일했습니다. 그런데 근무 4개월 후 담당 과장님과 팀장님께서 다른 부서로 간다는 말을 듣고 충격을 받았습니다. 이제는 일을 그만 해야겠구나, 그러잖아도 잠시 근무 하겠다고 했었고 새로 오시는 후임 분들과 호흡을 맞추기란 쉽지 않다고 생각했습니다.

그러고는 그만두겠다는 마음의 준비를 하고 있는데 새로 오신 과장님과 팀장님은 나의 일을 더욱 지지하고 과장님은 제자리로 직접 와서 메일 주소를 주시면서 활동 보고서를 올려 달라고도 하셨습니다. 그 후 단지에서 진행하는 활동 보고서를 작성하면 서울시청보다 먼저 과장님께 올려드렸고 메일이 뜨는 순간마다 기다렸던 것처럼 읽어 보셨습니다.

현장에서 일하는 날이면 과장님께서

"이문영 선생님 상담소리가 안 들리니 어디 갔느냐."

고 찾고 수시로 칭찬하신다는 말을 옆의 직원들로부터 듣기도 했습니다. 더구나 박 과장님께서 이동하시면서 후임 과장님께 주택과의 여러 일중에

"공동주택 커뮤니티 활성화 사업이 최고다."

라고 인수해주시고 가셨다는 말을 듣고 가슴이 뭉클하였습니다. 그렇게 후광을 입은 '공동주택 커뮤니티' 일은 날개를 달고 2012년 서울시에서 24개구청중 경진대회에서 송파구청

파크리오 아파트 '주민화합 최우수상'

현대리버빌 아파트 '배움이 있는 학교 우수상'

이라는 한해의 결실은 꽃을 피우고 보람을 낳았습니다. 또 송파구청 대강당에서 교수, 전문가, 공무원, 주민등 250명이 모인 자리에서 '국토해양부'에서 공동주택 커뮤니티 활성화 사업의 새로운 기획을 내놓았고 다른 구청의 사례로 발표를 하는 자리였습니다. 그 날 송파구청 주택과에서 저에게도 발표기회를 주셨기에 기획 구성하고 1년 동안 진행해왔던 커뮤니티 활성화 활동 내용과 사진을 PPT 자료를 영상으로 띄웠습니다.

친환경 도농교류 시장, 주민 음악회, 갤러리 주민 작품 전시회 300여점의 어우러진 활동의 과정과 활성화 방법, 공동체 속

에 주민 갈등 뛰어넘기, 과정을 설명을 했는데 아주 좋은 평을 받았습니다. 주택과 여성 주무관들은 행사 보조를 하면서 방청객들이 오후의 나른한 시간 졸기만 하다가 나의 브리핑 시간에는 아무도 졸지 않는 유일한 시간이었다고 칭찬했습니다. 박수를 받으며 내려오는데 처음부터 지켜보신 국장님께서 다가오셔서 수고 했다며 악수로 격려해주시고 그리고 인센티브를 듬뿍 받기도 하였습니다.

그 후 서울시의 홍보 책을 통해 알게 되었다며 대전시에서도 성남시에서도 초빙 강사로 초청 되어 뛰기도 합니다. 생각지도 못한 큰일 들이 감사로 쏟아졌습니다. 이 모든 결과는 뒤 돌아볼수록 나의 감정에만 갇혀 거리가 멀다고 일을 소홀하게 생각했던 저를 과장님께서 배제 하지 않고 가능을 열고 배려와 사랑으로 도와주시므로 맺어진 일입니다. 송파구청 주택과 근무 당시 현장에서는 주민들을 아우르는 일이 많았고 문서는 사무실 컴퓨터 앞에서 일하는 들쭉날쭉한 근무형태여도 전 직원들은 낯선 저를 보며

"일은 잘되어 갑니까."

격려 해주기도 하고, 간혹 주택과 전 직원들 회식 날은 현장에서 늦어도 직원 한사람 기다리게 하여 한 끼의 식사자리도 빠뜨림없이 챙겨주고, 유동성 출근으로 점심시간에 들어가도 먹고 일하라며 점심식사자리 직원들과 함께 재미있게 했던 그 날들이 그립기만 합니다. 송파구청에서 근무연장을 서울시에

보고했다며 있어 달랬는데 거리가 멀다고 중구 구청으로 떠나버린 저를 그래도 한결같은 사랑과 믿음으로 불러주시는 고마운 분들이 있었습니다. 떠나 온지 한해가 지났는데도 후임 이강석과장님은 올해 꼭 송파구청으로 저를 데려오라는 말씀으로 여러 차례 연락을 받고도 가지 못했습니다.

그럼에도 지난 4월에는 송파구청 공모사업의 심의의원으로 서해근 팀장님이 불러 주셨습니다. 이렇게 주택과 전 직원의 과분한 사랑을 받게 해주신 것과 여러 가지 풍성한 결실은

'일곱 빛깔 고운 무지개' 처럼 떠오르게 하신 것은 여러모로 도와주신 박 과장님 덕분이었습니다. 그곳 송파구청 근무당시 '공동주택 커뮤니티 활성화 사업' 의 일환으로 손으로 꼽아 일곱 가지 기적을 낳았습니다.

그렇게 말로나 글로서도 표현 안 되는 과장님의 사랑과 배려 그리고 세심한 통찰력이 이 시대의 필요한 진정한 리더십이라는 걸 알았습니다. 비온 뒤 귀 하게 피어나는 무지개처럼 꿈을 피우던 이야기가 시원한 소낙비를 타고 내리는 저녁

'사람을 잘 만나면 기적을 낳는다.'

는 명언을 마음에 새기며 올해의 더위와 장마철에도 늘 건강하시고 행복하시길 빌겠습니다.

- 2014년 여름 이문영 올림

미국의 아들에게!

참 풍경 좋은 가을이 왔다. 산을 올려다보니 나무들이 색깔 있는 옷을 지으며 환한 웃음이다. 산과 들에 추수할 곡식들을 보며 먹지 않아도 배부른 농부처럼 기쁜가 보다. 감나무의 감은 발갛게 익고 밤나무의 밤송이에서도 짙은 갈색의 알밤이 토실토실 영글어짐도 혹독한 추위를 이기고 쏟아지는 비바람의 강풍에도 견뎌 왔음을 우리는 보아왔다.

자연의 순리처럼 사람도 경험하며 부딪히며 살아가게 되어 있는데 아들이 카톡으로 보내주는 좋은 모습들이 전부가 아니라서 미국에서의 생활이 늘 궁금하고 보고 싶다. 지난해 추석에 휴가를 얻어서 미국을 갔을 때 끝없는 도로와 대지에 회사의 건물은 넓은 정원으로 싸여있고 사무실은 아주 넓어서 여유가 보여서 좋았다.

아들과 함께 갔던 관광 코스 어느 재벌의 '게티뮤지엄 박물관' 에 상상 이상의 미술품은 다양하고 훌륭한 작품들을 사람들에게 무료관람으로 열려있으니 크게 감동을 먹었다. 또 그랜드캐넌, 라스베가스의 기기묘묘한 자연에 놀라며 말리부 바닷가에서의 저녁식사 등이 추억으로 남아있어 아쉬움도 없어야 하는데 그래도 그리운 건 왠 일이지 모르겠다. 누구 못지않게 빠르게 아들을 품에서 떠나보내어서 마음이 가볍다 생각했는데 그래도 아들과는 천륜이라는 사랑이 있어 아픈가보다. 화분에 자라는 식물도 음악 듣기를 좋아하고 사람의 손길이 닿으면 잘 자라는 것처럼 삶의 순간에도 사랑이라는 명제가 우리를 좌우하고 있다.

어느 드라마에서 같은 서울하늘 아래 살면서도 며칠 연락 안 했다고 자식도 소식 없으면 남이라고 호되게 아들 딸 며느리를 나무라는 것을 보았다. 부모 자식도 소식 없으면 남이라고 하듯이 사랑의 표현은 배려가 있어야 한다고 본다.

가족관계도 어디를 보나 예의바르고 작은 일에도 관심을 가지고 잘 해결해가는 아들이기에 내가 더욱 신뢰하고 좋아하지만 그 마음을 늘 잃지 않고 있었으면 하는 바램 이다. 믿고 있는 부모 자식 간에도 항상 진솔하게 터놓고 이야기하고 서로간에 신뢰를 쌓아야 한다고 본다. 상대의 필요를 알고 사소한 것에도 믿음이 가도록 행동한다면 나무랄게 없다.

'서로 사랑하라' 말씀을 가정부터 늘 잊지 말고 적용하며 살도록 노력하자. 한편 사회생활에서도 지켜야 할 것들이 많다. 요즘세대는 사람들이 직장에서 업무로 시달리고 시간에 쫓기다가 마음의 여유를 잃어버리고 사랑 할 시간도 없이 살고 있다고 한다. 기쁨과 감사를 모르고 사는 사람들에게 사라진 것이

웃음이라는 것이다.

취업문이 좁아서 청년들이 몸부림치며 따는 자격증보다 짧은 시간 면접관을 웃게 하는 유머가 훨씬 효과적이라는 말도 있다. 또 인생을 분류해서 볼 때 받기만하는 인생은 하급인생, 받은 만큼만 주는 인생은 중급인생, 베풀기만 하면 상급인생, 그 위에 명품인생으로 보는 것이 푼수인생 이라는 것이다.

사람들은 누구나 푼수. 라는 말을 듣기 싫어하지만 그 내면을 사랑과 재주로 채운다면 적을 만들지 않기 때문이다. 사람은 자기보다 잘나 보이면 시기하고 질투하고 뒤에서 끌어내리려고 수단과 방법을 가리지 않는다.

선의의 경쟁보다는 거짓과 술수로 힘겨루기를 하자는 경우가 너무나 많다. 그러기에 옳고 바르게 행동했는데 엉뚱한 결과를 낳아 황당하고 속상하는 일이 비일비재한 세상이다.

한 순간도 정신 바짝 차리지 않으면 남이 나를 경계하는 자리에서 살기란 그리 싶지 않다. 남자는 사회생활을 많이 하고 살아야 하는 인생인데 좀 더 성공적으로 살 필요가 있기 때문이다. 그러기에 푼수인생에서 힌트를 얻어서 유머를 연습하고 훈련하여서 어느 장소에서나 웃음을 선사하는 사람으로 변신해 보면 어떨까.

어느 지인이 아들을 보고 귀한 얼굴상이라고 말했듯이 그 얼굴도 강호동의 이가 탄탄 선전 흉내를 낼 때 강호동보다 더 익살스럽게 하는걸 보고 유머감각도 있음을 보았다. 그 외에도 남이 보기에 좋은 사람은 먼저 가슴이 따뜻해야 하고, 남을 모함하지 않으며 앞뒤의 행동이 같고 자신의 기분에 따라 혹은 자신이 편리한대로 함부로 변하지 않는 사람이라 생각한다. 세상을 정직하고 똑똑하게 바라보고 민첩한 행동으로 환경과 세상을 지배하며 살기를 바란다. 그리고 세상에서 가장 기쁘고 감사한 것이 있다면 내가 아들의 엄마라는 이유라는 것이다. 엄마이기에 살아오면서 깊은 아픔도 눈물도 참을 수 있었고, 세상의 어떤 달콤한 유혹도 아들의 엄마이기에 함부로 살지 않았다. 아들이 장성한 지금도 엄마의 삶이 영향이 있을 것 같아서 내 뜻대로 살지 못한다.

요즈음도 바빠 정신없는 날들 속에서 아들을 생각하며 든든하다가도 미국에 있어 만나지 못하니 서울이 온통 비어 있는 기분이 들 때도 있다. 세상 언어 중에 가장 좋아하고 부르고 싶은 엄마라는 호칭은 지금은 부를 수 없어서 아들에게서만 듣는 유일한 소리이다. 마음이 울적하거나 날듯이 기쁜 일이 있을 때 엄마를 불러주면 아주 행복한 사람이 될 것이다.

오늘은 아들이 태어나서 걸음마를 배우면서 엄마를 서툴게 부르던 때도 그립고 추운겨울 눈바람을 맞으며 울산시 신정동 언덕길을 오르며 내 등에 업힌 동생을 질투하지 않고

"엄마! 형은 추워도 참는 거재."

"그래 조금만 참고 걸어가면 금탑아파트 우리 집에는 따뜻한 방과 거실의 소파가 우리를 기다리고 있다."

고 용기를 주면 언 손과 양쪽 볼의 빨간 아픔에도 투정하지 않았다. 등에 업힌 동생이나 다름없는 어린 저도 형이라 의젓하려고 하던 어린모습이 눈에 선하다. 저도 추워서 엄마에게 업어달라고 하고 싶은데 엄마를 곤란하게 않으려고 형이 참아야 한다는 속 깊은 생각을 어떻게 했나 싶을 정도로 기특하고 착했던 너를 떠올리며 글을 마무리한다.

아들을 사랑하는 엄마가~

2014 가을에

그 해 겨울에 온 편지

그 해 겨울은 유난히 추웠다. 70년대 그날 영하 14도를 오르내리는 날씨에 차창 밖 가로수들은 눈바람에 떨고 있었다. 하늘도 하얗게 얼어 펄펄 눈을 날리고 있었다. 서울에서 오빠의 심부름으로 대구를 거쳐 고향집으로 가고 있었다. 시원하게 달리던 서울에서 대구행 고속버스를 타고 내려 시외버스의 덜컹거림과 흙먼지를 뒤로하며 승객들과 함께 가고 있었다.

그 당시의 빨간 시외버스는 고장이 어찌나 잘 나던지 갑자기 '펑'소리와 함께 도로에서 멈추었다. 차에서 내린 운전기사는 타이어를 갈아야 된다며 양해를 구하고 있었다.

"타이어를 갈아야하니 손님 여러분 차에서 내려 주이소."

말이 떨어지자 모자를 깊게 둘러쓴 할아버지께서

“날씨도 추운데 어쩌자고.”

하면서 느릿하게 자리에서 일어섰다. 다른 사람들도 마지못해 주섬주섬 외투를 챙겨 입고 버스 밖으로 밀려 나갔다. 낯선 사람들이 웅성거리자 겨울새들이 놀라 푸드득! 날개 짓을 했다. 길 옆 산모퉁이에서 불어오는 차가운 바람은 매섭고 따가 왔다. 사람들은 바람을 막으려 코트 깃을 올리고 손을 부비고 있었다. 그래도 추워서 발을 동동 구르기도 하며 기다리고 있었다. 잠시 구름이 걷히니 하늘이 보이고 햇살이 내리니 양지 바른 곳으로 모이기도 했다. 시간이 지날수록 온 몸이 얼고 있었다. 마음은 온통 버스를 향하고 있었다. 한참 후 드디어 기사님은 검정 장갑의 손으로 차를 타라는 신호를 보내왔다. 모두 텅 비었던 버스에 돌아와 자기 좌석에 앉았다. 버스가 다시 힘을 내고 두 손으로 언 볼을 녹이고 있을 때였다. 누가 나의 옆자리에 불쑥 앉으며

"실례지만 주소와 이름을 좀 알고 싶습니다."

하는 소리에 고개를 돌려보니 가슴에는 모 대학의 뱃지가 달려 있고 양 손에는 펜과 메모지를 든 청년이 옆 자리에 앉으며 말을 걸어왔다. 어리둥절하여 얼굴을 가만히 쳐다보고 있으니 안심시키기라도 하려는 듯이 어색함을 감추면서 말했다.

"본인은 군대도 다녀왔으며 대학 졸업을 맞아 뒷좌석에 계신 어머니와 '졸업기념 여행' 을 다니는 중이라고 자신을 소개하며 지금가고 있는 목적지는 '유곡' 이라는 동네에 있는 외갓집을 가는 중이라며 진지한 모습으로 이야기하고 있었다."

뒤를 돌아봤더니 흐트러짐이 전혀 없어 보이는 깔끔한 중년 부인이 미소를 지으며 바라보고 있었다. 그들은 아침에 서울에서 고속버스 터미널에서 나를 보게 되었다는데 버스 안에서 휴게소에서, 동대구역을 도착하여 지금 타고 있는 버스까지, 같은

방향의 차를 타고 내리면서 지켜보았다고 한다. 대략 6~7시간이나 누군가 나를 보고 있다는 것을 전혀 의식도 못했기에 조심스런 생각에 움찔했다. 한마디 대꾸도 없이 듣는 나에게 어디에 사는지, 어디쯤 내리는지를 물어보았다. 느닷없이 쏟아지는 질문에 쑥스럽기도 하고 부끄러워 어찌해야 할지를 몰랐다. 그것도 그 사람의 어머니가 보고 있기에 더욱 당황했다. 대답 대신 마음으로 사람을 살펴보았다. 우선 눈에 들어오는 외모는 훤칠한 키와 얼굴에는 굵은 몇 개의 여드름이 솟아 있었고 밉상은 아니었다. 그러는 사이에 점점 내려야 할 읍내가 가까워 오는데 그는 메모지를 가까이 들이밀며 재촉을 했다. 망설이던 마음을 다잡고 난생 처음으로 낯선 사람에게 서울 주소와 이름을 가르쳐 주었다. 내릴 곳도 가르쳐주며 며칠 후 서울로 돌아갈 것도 알려 주었다. 그렇게 말해 줄 수 있음도 어른인 그의 어머니가 있다는 것에 믿음이 생겼기 때문이다. 어느새 버스는 내려야 할 정류장에 도착했고 조금은 상기된 얼굴로 인사를 하고 버스에서 내렸다. 그는 차창 밖으로 환한 웃음과 함께 손을 흔들고 있었다. 그렇게 짧은 대화와 미소를 남기고 우리는 헤어졌다.

그 후 곧 서울로 돌아 갈 수 있을 거라고 온 심부름이었는데, 겨울 철 우리 집에서 하는 사업이 제철이어서 일손이 부족하여 서울로 돌아가지 못했다. 몇 달이 지나고 나서야 서울로 올라왔다. 계절은 어느새 여름의 문턱에 와 있었고 겨울 속의 그 사람은 겨울의 자연과 풍경을 수십 통의 엽서와 편지에 담아 나를 초조하게 기다리고 있었다. 그 사람은 버스에서 나와 헤어진 후 여정 곳곳의 아름다움과 있었던 일들을 매일 빠뜨림 없이 기록하여, 여행을 함께 동반했던 기분이 들만큼 생생하게 때로는 시로 때론 수필처럼 적고 또 적었다.

"해인사 입구입니다. 눈이 옵니다. 깊게 패인 눈발자국을 따라 길을 걸었습니다. 순백으로 뒤덮인 산사는 아름답다 못해 장관입니다. 멍울멍울 흰 함박눈 꽃송이에서 홍제암 뒷길에서 청순한 당신의 얼굴을 보았습니다. 돌담길을 돌 때 바스락거리며 놀고 있는 다람쥐를 보았죠. 맑고 티 없는 눈망울을 가진 저 녀석들이 살고 있기에 영원할 것 같은 이 설원에도 봄은 오겠지요. 활짝 핀 봄이 오면 내 생의 긴 기다림을 끝내고 때 묻지 않은 당신과의 순박한 만남으로 새롭게 시작하고 싶습니다. 눈 내리는 해인사를 돌아서면서 지는 노을 속에 당신을 향한 그리움의 여운을 남긴 채 발걸음을 옮겼습니다."

그는 또 다른 여행지와 때에 따라 엽서를 보내왔고 여행을 마친 후에도 답장을 기다리는 편지가 계속 와 있었다. 고향집에 있을 때 문득 그 날이 떠올라 편지 한 통쯤은 와 있으리라 생각 했었지만 짐작했던 것과는 달리 너무 많은 사연에 가슴이 찡해 왔다. 늦었지만 서둘러 회신을 보내고 싶은데 주소가 없는 알맹이 편지를 보고는 깜짝 놀라지 않을 수 없었다. 이유를 몰라 황당해 할 때 올케 언니의 말인즉 대쪽 같은 성격인 오빠가 무섭다며 낯선 남자의 주소 같은 것은 줄 수 없으며 회신 주소가 적힌 봉투는 이미 버렸다고 했다. 당시의 풍습에 밀려 다 큰 처녀라는 이유로 투정 한 번도 못하고 가슴앓이만 할 수 밖에 없었다.

"그 분들은 누구기에 처음 만난 나에게 이토록 정성을 보내왔을까."

하는 마음이 더욱 안타깝게 하기도 했다. 아무 영문도 모른 채 빈 허공으로 편지만 쓰고 또 쓴 그에게 할 말을 묻어 둔 채 내 아픈 가슴만 쓸어 내려야 했다.

긴 세월이 지나면서 시간과 공간속에 꼭꼭 숨어버렸던 그 날의 일들이 주마등처럼 떠오르기 시작한건 공교롭게도 아들의 대학 입학식을 하던 날 그 때 그 뱃지를 보았기 때문이다. 처음 그 때도 우연이 버스 속에서 만난 사람들이었는데 또 아들의 대학이 그 사람 다닌 교정이라는 것이 참으로 묘한 우연으로 다가왔다. 우리는 서로 좋은 느낌으로 만났지만 단 한 번 스쳐 지나간 인연일 뿐이었다. 그러나 보내왔던 엽서속의 깨알 같이 많은 글씨만큼이나 고운 추억으로 남아 있음을 새삼 알았다. 캠퍼스의 역사가 100주년도 훨씬 넘었다는데 깊은 역사 속 어디에라도 행여 숨어있는 메아리라도 있지 않나 해서 귀 기울여 보았다. 꽁꽁 언 땅을 발로 밟아보아도 아무것도 알 수 없어 우리는 어디에서도 만날 수 없는 사람들이 되어버렸다.

그 사람들로부터 어머니와 아들의 대학 '졸업기념 여행' 이라는 아름다운 제목을 들었기에 지금도 가슴에 살아있었구나 하는 생각을 한다. 요즘은 여행지에서 혹 그런 인연을 만난다면 좋은 만남이라 축하 해줄 것을 그때 그 시절은 죄인으로 취급 당했다. 아주 먼 시간 속으로 사라진 추억이지만 한 줄의 글도 보내지 못했던 그이야기는 아주 깊은 상처로 남아 있음을 알게 되었다.

아무리 돌아보아도 영영 돌아 올 수 없는 그 날의 풍경이 영화 필름처럼 스쳐 지나간다. 파아란 하늘의 흰 구름처럼 잡지 못했던 이야기가 그립고 아쉬움으로 크게 남는다. 올 겨울 눈이 오는 날은 그 사람을 떠올리며 그해 겨울로 돌아가 엽서와 편지, 시를 쓰고 싶다.

1999년 12월 쓴글

여정의 노래

바람이 불고 눈이 오는 날
고향 길 버스에서
메모지를 내밀며 듬직한 음성
얼굴을 그리자며 말을 건넸다

산을 품은 나무처럼 위풍당당
자기소개를 하며 담장을 열고
따스하고 부드러운 메아리를 남겼다

그날이 꿈이 되어 잘게잘게 박은
속마음 말아 쓴 깨알 같은 사연을
토독토독 피운 난로 불처럼
새겨놓은 순백의 이야기들

사슴의 등이 무겁도록 엽서를 실어

쏟아지는 눈 속 길을 느린 걸음으로
가쁜 숨소리를 내며 왔는데

그런 줄도 모르고 딴 청하다가
부치지 못한 회신 모진 몸부림
숨어버린 날들이 보고픈 열병이 나서

인터넷 창으로 늦은 글을 올리고
가슴 데워 솟아나는 물 구슬
그 해 겨울에 온 사람

14. 이웃을 사랑하라

2층집 여자

늦은 밤 11시가 넘었는데
딩동 딩동 !! „
부산에 있는 친구 전화를 받다가
이웃집이라 문을 열었다.

평소 중요하지 않는 문제를
메모지를 달라며 묻는데
어리둥절함을 감추고
대답은 처음처럼 하여도 맘을 몰라

머뭇거리며 거실로 들어와
큰방 작은방을 기웃거리고
소파에 앉아 시간을 잊은 양
눈꺼풀 반짝이는 별 섬을 보았다

웃으며 엘리베이트 타는 뒷모습에
늘어진 외로움의 그림자를 보고서야

아차! 마음이 아파서 온 것을
알았지만 늦게서야 아는 척하면
더 자존심 건드리는 것 같아서

남편의 나이가 많아 보여
아버지로 착각했던 기억이 나며
캄캄한 늦은 밤이면 어떠랴
테라스 장독에 동치미가 잘 익었는데
동치미 국물로 국수를 말아 줄 걸

예상치 못한 부부 싸움으로
예의 따윈 버려도 좋을 둥그런 맘으로
우리 집을 찾아 와서 일탈로
맘 달래고 싶었던
하룻밤 둥지를 찾던 여자

노숙자 구제

차츰 바람이 차가워오고 겨울이 다가오니 더욱 간절해진다. 서울역이나 영등포 주변에 노숙자들을 매스컴을 통하거나 직접 보기도 하면서 느끼는 건 사람으로서 누려야할 권리를 온전히 박탈당하고 버려진 사람들로 보인다. 저 사람들 속에는 정직하고 성실하게 살았건만 사기를 몽땅 당하고 길거리를 내몰린 사람도 있고 보증을 잘못서고 재물을 뺏겨버린 경우 등 사연이 많을 것이다. 그렇게 남의 것을 가지고 잘 먹고 잘사는 사람들이 있다는 것을 주위에 종종 보기도 한다.

그렇다고 보면 동물의 왕국에서 착하고 여린 짐승은 사나운 짐승에게 쫓기다 먹이가 되고 사라지는 것들과 다를 바가 없다. 사람들은 어리석은 게 죄이고 남을 믿는 착한마음이 죄가 되고 올무가 되어 너무나 비참하게 거리에서 살고 있다.

차라리 동물의 세계의 약한 짐승처럼 찢기고 금방 사라지면 고통을 모를 것이다. 하물며 만물의 영장이라는 사람은 눈으로 보고 듣고 세상을 살면서 비교의식에 얼마나 큰 분노와 아픔을 겪고 살겠는가. 같은 하늘아래에서 누구는 좋은 집에서 따뜻한 이불을 덮고 잠을 자는데 누구는 길거리에서 신문지를 덮고 벌벌 떨면서 웅크리고 있다. 우리들만 편하다고 남의 아픔을 외면해도 되는 것인가 하는 측면에서 자주 떠올리게 되는 것이 있다. 서울시내 전역을 둘러보아도 국가 땅이 있지만 지역마다 정부 토지가 임야로 엄청 많다고 본다.

'네 이웃을 내 몸처럼 사랑하라'

고 하시는 그분의 말씀을 떠올리며 개인적으로 정부에 바라고 싶은 것이 하나 있다.

정부의 임야 같은 땅에 컨테이너 같은 건물이라도 군데군데 지어서 원룸씩의 방을 만들고 거리의 모든 노숙자들을 수용해서 일자리를 찾아주는 것이다. 복지기금으로 임야관리와 거리 청소 또 시골 일손 돕기와 같은 일을 하도록 길을 열어주고 적어도 최소한의 생활을 하고 먹고 살 수 있도록 도와주면 참 훌륭한 정치 일환이 될 것으로 보인다.

국민을 위한 정치를 하기위해 세금을 받아 호화 빌딩이나 높은 곳에만 쓰지 말고 정말 하룻밤 잠자리가 없는 길거리의 불쌍한 사람들을 구제한다면 하나님 아버지가 크게 기뻐하시고 나라에 큰 은총을 내려주실 것이라 믿어진다.

이웃집 젊은 맘

그날은 점심시간에 우리 집에 남다른 행사가 있어 마음이 바빴다. 남편이 아침 일찍 샤워장을 다녀오마고 나갔다. 집에서 머리를 손질할까 하다가 나도 미장원을 다녀와야지 하는 맘으로 현관을 나서는데 남편이 들어오면서 차를 지하주차장에 임시로 세웠다며 키를 건네주었다. 바쁜 시간이라 얼른 엘리베이트를 타고 내려가 급히 시동을 걸고 출발하는 순간 뒤에서~

야~아아아!! 큰 괴성이 있어 놀라서 차를 세우고 뒤를 돌아보았다. 백미러 거울에 젊은 여자가 삿대질을 하며 고함을 지르고 있었다. 순간 놀라서 얼굴을 내밀었더니 오른 팔로 삿대질을 하면서 큰소리로 떠들어서 도저히 무슨 말인지를 알아들을 수 가 없었다.

목소리가 높아 발음은 정확하지 않아도 한참을 듣고서야 대충은 우리차가 자기차를 가로 막고 있었다는 것이다. 그리고 전화를 했는데 안 받았다는 것이다. 아차! 남편이 차를 임시로 세우고 아파트 13층의 엘리베이트를 타고 올라왔던 게 원인이라는 걸 알게 되었다. 그제서야 양해를 구하려고 우리 집에 바쁜 일이 있다 보니 급한 마음에 잘못되었다는 이야기를 하려고 해도 말을 붙이지 못하도록 큰소리로 지금 회사에 지각인데 '어쩔꺼냐? 고 쉬지 않고 고함을 질러 댔다. 또 전화는 왜 안 받느냐고 고함을 고래고래 질러 되는 것이다.

출근길이 늦었다는 똑 같은 말을 하며 난리를 피웠다. 시간이 바쁘다는 사람이 큰소리로 주차장이 떠나가도록 고함만 지르고 있었다. 전화는 엘리베이터 속이라 안 터진 것일꺼라며 나도 마음이 급하고 그쪽도 바쁘니 어서 서로 볼일을 보자며 차를 움직이려니까 차문을 확 열어젖히면서 어디 멋 데로 가려고 하느냐며 고함을 더 크게 질러 되는 것이다. 아파트 관리실에다 전화를 하면서 도둑이나 범인을 잡은 것처럼 아저씨들은 뭘! 하는 사람들이냐고 빨리 나오라고 목청이 떠나가라 고함을 질러 되는 것이다. 어리둥절한 경비아저씨와 관리실 직원들이 급하게 뛰어 도착하니 정신없이 따지고 있었다.

그 틈을 타서 지하 주차장을 빠져 나왔다. 갑자기 생긴 일에 많이 놀라서 가슴이 뛰고 머리가 어지러웠다. 가까운 약국에서 우황청심환을 먹으러 들어갔다. 약을 건네주는 평소 잘 아는 여 약사님이 아침부터 웬, 청심환이냐고 물었다. 약을 마시며 아침에 벌어진 황당한 일에 놀랐다는 말을 했다.

내말을 듣더니 오히려 약사님은 그런 것은 요즘에 예사롭다는 말을 한다. 평소에 약국에서 젊은 맘들의 고객으로부터 겪는 고충을 털어 놓는다. 약을 사러온 주부들이 데리고 온 아이들이 진열대에서 약을 함부로 만져 망가지게 해놓고, 실내 바닥에 오줌을 싸놓고 모른척하고 가버리는 일등을 하루에도 몇 번씩 겪는다는 것이다. 속으로 화병이 날 지경이라고 한다.

길거리에서 차를 타다보면 젊은 저들이 위반하는 것은 괜찮고 상대방이 조금 잘 못하면 부모 뻘의 어른에게도 삿대질하며 죽일려고 달려든다는 것이다. 나 보고 그런 일 정도는 쉽게 잊어버리라며 위로를 해주는 것이었다. 그래도 놀란 가슴이 뛰고 머리와 정신이 혼미한 채로 겨우 약속장소에 도착했다.

무슨 말을 어떻게 주고받는지도 모르고 마주보고 있는데 갑자기 울컥 하면서 눈물이 쏟아졌다. 조금 전의 울화가 가라앉지가 않아서 거기서 폭발이 된 것이다. 급히 자리에서 일어나 화장실로 피하고 겨우 진정했다. 이유도 모르는 사람들 앞에서 망신을 당했다.

그 후 표독하고 못된 짓을 하는 젊은 아줌마의 집이 어딘가 이웃에게 물어보니 우리 아파트 옆 라인의 윗 층에 살고 있으며 남편은 고등학교 체육선생님이란다. 그 본인 여자는 중고차 판매 센터에서 일을 한다는 것이다. 그 여자가 사는 집을 알고 나니 뛰어 올라가서 식구들 앞에서 그날 일을 말하고 따지고 싶었다. 그러나 바쁜 현대라 서로의 시간을 맞출 수가 없어 늦은 밤이 아니고는 만 날 수가 없었다. 남편은 그런 여자라면 다시 말해도 본인의 잘못을 알기는커녕 더 펄펄 뛰고 난리를 할 것이라는 것이다.

엘리리베이트가 13층을 오르락, 내리락 하는 소요 시간이 불과 5~7분정도이다. 그래도 출근시간 늦어져서 화가 난 건 이해는 한다. 하지만 낯선 장소도 아니고 한 아파트에 주차장을 함께 쓰는 주민으로서 미치광이 싸움을 걸어오는 건 참으로 가슴 아픈 일이었다. 그 일은 분명 우리가 잘 못은 했지만 사과를 주고받으며 해결 할 수 있는 것을 완전 막가파 같은 유치하고 볼상 사나운 행동을 보며 마음에 깊은 상처가 되었다.

오래도록 지워지지 않은 그 일은 생각 할수록 그 집 남편은 그런 여자와 어떻게 살까, 싸움은 좋아하는 사람은 없지만 불가피한 경우 억울한 일이 생겨도 남한테 무자비한 속성을 마구 드러내지 못하는 게 인지상정이다. 그런데 그런 발광수준을 넘는 행위야 말로 집에서 하는 솜씨가 아니고서는 나올 수가 없다고 본다.

'집에서 새는 바가지 밖에서도 샌다.'

는 말이 있듯이 내가 본 그런 아내라면 이해와 배려가 없이 볼품없는 여자라 남편이 아무리 성인군자라도 힘들 것 같아 보인다. 체육선생님이라 체력을 단련되어 있다 해도 때릴 수도 없고 도저히 감당하기 어려울 것 같은 상상이 든다.

교육열 높은 우리나라의 사람들을 약국의 약사님이 일상에서 느끼는 것이나 내가 갑자기 폭력배한테 당한 것처럼 세상 모습이 이렇게 엉망이라면 어디 무서워서 길이라도 맘 편히 걸을 수가 있겠는가. 어느 나라보다 많이 배워서 최고 학벌의 사람들이 많이 사는 우리나라, 고상하고 품위 있는 참다운 인격을 찾아 볼 수없는 아이러니한 세상이 되어 있다. 천태만상의 사람들이 공존하는 세상이라서 상식과 질서가 있고 규범대로 살라는 무언의 약속과 더 나아가 법이 있다. 그리고

'네 이웃을 서로 사랑하라.'

고 그 분은 늘 가르치고 있다. 그럼에도 사람들은 만상의 모습대로 멋대로 살아가고 있다. 우리를 지으신 그분의 뜻대로 이웃을 배려하고 작은 일은 그냥 넘어가 주기도 하며 조금은 참을 줄 아는 사람이어야 한다고 생각한다. 나는 간혹 그 분께서 우리 한사람씩의 행동을 기록하고 점수를 매길 것 같은 상상을 해보곤 한다.

15. 거꾸로 도는 물레방아

효자 의사

어느 날 신문을 읽는데 아버지와 아들의 소송 사건이었다. 치과 대학을 나온 아들에게 아버지의 땅과 재산전부를 팔아서 병원을 지어주고 매달 250만원의 생활비를 받기로 약속을 했다는 것이다. 그런데 약속의 생활비를 주지 않아서 의사 아들을 상대로 아버지가 소송을 했다는 기사이다.

두 사람은 소송으로 가기 전에는 여러 가지 협상이 있을 것이라고 보는데 이렇게 부자지간에 그것도 아버지가 아들을 상대로 소송을 했을까 하는 생각을 했다. 의사 아들은 병원경영이 어려워서 돈을 못주었다면 아버지께 말을 했을 것이고 그렇다면 못 기다리는 아버지의 탓인지 아님 아들이 병원을 지어준 아버지와의 약속을 무시 한 건지 누구의 잘못인지는 모르겠지만 그것이 현실이었다.

그 내용을 뒷받침이라도 하듯 어제 저녁 주말 드라마에서

"가족끼리 왜 그래"

라는 제목의 내용은 아버지 혼자서 삼 남매를 잘 키워 오붓하게 살고 있다. 막내를 낳다 죽은 아내 대신에 평생 두부가게

를 하여 자식들의 뒷바라지를 하여 잘 키워놓았다.

의대를 나온 아들은 우여곡절 후에 병원장의 사위가 되어 잘 나가고 딸은 큰 기업의 비서실에서 능력을 인정받는 부러울 게 없는 가족이다. 그런데 의사인 아들이 장모가 시키는 대로 아버지가 살고 있는 건물이자 주거하는 집을 자식들에게 미리 상속해달라고 하는 것이다.

아버지도 처음에는 그러려고 했는데 하나뿐이 여동생(고모)이 펄펄 뛰면서 오빠가 그러면 노후에 안 된다며 말리고 가족끼리 싸움이 난다. 그것을 지켜보며 속이 타던 아버지가 평소 잘 아는 변호사의 말을 듣고 삼 남매에게 '불효 청구 소송장'을 보내게 된다.

자녀를 키우고 입히고 학원비 대학 등록비까지 삼남매 아이에 따라 각기 다른 금액을 청구한다. 그리고 판사 앞에서

"아이들을 키우며 회초리 한번 안 들고 잘되라고만 응원해서 키웠더니 잘 못 컸다고 생각한다. 지금은 성장하여 아버지의 말은 효과가 없고 다스릴 수 없으니 이것이 자식들의 아버지로서 마지막 회초리라고 힘을 실어 달라."

며 간절하게 부탁한다. 드라마가 시대를 대변하는 장면을 보며 가족도 돈 때문에 법정으로 가야하는 시대 따뜻한 가슴이 없는 악한 세상이라는 걸 알았다. 성경말씀의 풀이에서 자녀교육으로 진흙이 말랑 말랑 할 적에는 손으로 여러 가지 모양을 빚을 수 있고 굳어지면 아무것도 빚을 수 없듯이 사람도 어

린아이 때부터 잘못을 하면 교훈으로 매를 들고 가르치라고 했다. 그러나 요즘 젊은 세대들은 아이들을 과잉보호만 하고 키운다. 이대로 가면 위 사건들보다 더 큰일들이 일어나지 않을까 하는 무서운 생각이 든다. 그래도 길이 하나 있다면 학교 교육도 중요하지만 학생들은 책을 읽고 토론을 하는 논술 수업이 필요하다. 주제를 두고 여러 사람과 의견을 나누며 반성하다보면 저절로 옳고 그름을 알게 되고 몸에 배이게 되어 사고하며 행동하는 성숙한 사람들이 되어 질 것이라 믿어진다.

똑똑한 딸..

성당을 다닌다는 어느 재혼녀의 이야기다. S대를 나온 경상도 사람 남편과 충청도 여인으로 대학 조교로 있던 두 사람은 그야말로 선남선녀로 만나서 결혼을 하였고 딸 아이 하나를 키우면서 미국 유학까지 시켰다고 한다.

한때는 대기업을 다니는 남편과 외국 여행을 하면서 남부럽지 않게 행복하였다. 그래도 남편은 아들욕심을 버리지 않고 한 명만 낳아달라고 했다. 아들 한 명만 낳아주면 헬리곱터를 사 주겠다고 할 정도로 간절했는데도 본인이 싫다고 했다고 한다. 왜 그랬는지 모르게 아들이 싫어서가 아니라 아이를 낳기 싫어서 그 말을 듣지 않았다고 한다. 그럴 즈음에 남편이 다니던 대기업 회사를 그만두고 다른 일을 하면서 일이 제대로 풀리지 않았고 서로의 의견차이로 이혼을 하고 말았다. 그 후 본인은 재혼을 하였고 딸도 결혼을 하여 잘살고 남편은 혼자 살고 있었다.

어느 날 딸이 아버지가 혼자 사니 보기에 딱하고 우리 집에 같이 살고 싶다고 했다. 엄마인 입장에서는 전 남편과 딸이 한

지붕 아래 산다니 달갑잖게 생각했으나 못 말리고 그렇게 하였다. 그 후 딸은

"아버지와 함께 사니 너무 좋아! 우리를 위해 저녁식사 준비로 닭도리탕을 하셨는데 너무 맛있고 청소도 해놓고 여러모로 좋다."

고 했다. 그러나 본인은 딸집에 가고 싶어도 전 남편이 있으니 갈 수 없어 심기가 편치 않다고 했다. 그래도 내가 보기에는 어머니와 이혼한 아버지를 모시는 그 딸은 착하다 복 받겠구나 생각했다. 그런데 어느 날 딸집에서 난리가 났다는 것이다. 아버지와 반년 정도 함께 살았다는데 서로 간에 불편을 느끼고 딸이 아버지더러 집에서 나가달라고 했다. 그러자 아버지는 딸에게 너희 집에 들어오면서

"6천만원 맡기지 않았느냐 그걸 돌려주면 나가겠다."

고 했다. 딸은 아버지에게

"그 돈이 어딨냐고 아무것도 줄 수 없으니 그냥 나가달라."

고 했다. 결국 아버지는 딸의 뺨을 때리고 말았다. 그러자 딸은 당장 경찰을 불러 아버지폭행을 고발했고 두 번 말할 것도 없이 전 남편은 딸집에서 쫓겨났다고 한다. 그 말을 듣는 순간 돌로 이마를 맞은 것 같았다. 그러나 그녀의 말이 더 심상치 않다.

"우리 딸 참 똑똑하지, 시원하고 깔끔하게 아버지를 돈 한 푼 안주고 내 보냈으니 참 잘했지 않니. 어떻게 그런 생각을

했나 몰라.”

이혼한 전 남편이지만 딸에게는 아버지이고 딸집에 들어오고 나가는 것은 있을 수 있으나 경찰을 이용하여 폭행죄를 씌워 맨몸으로 나가게 했다는 것 그걸 참 잘했다고 기특해 하는 것이었다. 즉시 ‘그런 것이 옳은 것인가?’ 라는 답을 하고 싶어도 남의 집 일에 재판관도 아닌데 언쟁의 소지이기에 그저 속으로 참았으나 겁이 더럭 나고 무서운 생각이 들었다.

세상의 부모는 누구나 자식을 천금보다 더 귀하게 애지중지 키우고 잘되라고 응원한다. 그러나 돈 때문에 자식은 부모를 헌신짝 버리듯 하는 것이 예사인 요즈음 세상 너무 악하다는 생각에 세상 살맛이 없어졌다. 그 후 그 딸은 잘나가는 좋은 직장에서 나오고 남편을 따라 중국으로 사업을 하러 갔다는데 그 분은 그 모녀에게 무슨 교훈이라도 주셨는지 궁금하다.

효녀 심청이

오래전의 기억이다. 익명의 부동산에서의 일이다. 아파트 단지 내에 자리 잡은 그 곳은 조카의 사무실이라 자주가기도 하고 마침 시간이 있을 때이면 자리를 비울 때 도와주기도 했다. 사람들의 출입이 잦은 아파트단지 정문 곁이라 오가는 사람들이 자주 들러 이 이야기 저 이야기를 남기기도 한다.

그 중 어느 할머니는 아침저녁 학교 등하교 시간에 들어와 살아온 이야기를 한다. 늘 다리가 아파 걷기가 불편하다면서도 자녀들의 이야기를 할 때면 힘이 나는 모양으로 위로 딸 둘과 막내로 아들을 두었다며 아이들 기를 때 이야기는 듣기에도 부러울 정도였다. 사업을 하던 영감님 덕으로 경제적으로도 별 불편이 없고 삼남매 모두 공부를 잘 해서 남부러울 것이 없었다고 회상한다.

큰 딸은 명문대를 나와서 명실상부한 기업의 기획실에서 인정받는 과장이며 곧 부장으로 승진할 것이라고 한다. 둘째 딸도 언니만큼 사회적 지위에 올랐고 막내아들도 좋은 직장에서 일하고 모두 결혼도 했다고 한다. 지금은 함께 사는 큰 딸의

아이들을 돌본다고 했다. 이웃 사람들은 모두가 복 노인이라고 한마디씩 한다. 그러던 어느 날

"따르릉!"전화벨을 타고 oo동 oo호 라오."

"할머니 안녕하세요. 요즘은 잘 안보이시네요. "

"그러게 나가고 싶은데 요즘 다리가 더 많이 아파서 나가지 못해요. 걷기도 더 힘들어졌어요. 그래서 인데, 우리 집을 좀 팔아 주었으면 합니다."

"예? 할머니! 지난번에도 팔려고 하다가 따님이 못 팔게 하셨다면서요."

"그래요. 그땐 그랬지만 지금은 꼭 팔고 싶어요. 우리 영감님도 젊을 때 물불 가리지 않고 열심히 일해서 인지 한 번 풍이 오더니 거동이 영 불편하다오. 이제는 영감도 몸이 성치 않으니 이 집을 팔고 저 시외 공기 좋은 곳으로 이사를 가서 흙 냄새 맡으며 몸을 돌보며 쉬고 싶다오. 아들과 의논도 했는데 백번 그러라고 하니 이제는 망설일 이유가 없어요. 꼭 좀 팔도록 도와주시오. 마음 같아선 한시라도 빨리 처분했으면 한다오."

"그러시다면 조금 전 집을 찾는 사람이 있었는데 내일 댁으로 가겠습니다. 이번에는 집을 사겠다면 그 사람들도 바쁜 사람이라 실수가 없으면 좋겠습니다."

"이제는 그런 염려마시유! 이 집은 엄연히 내 영감님 명의로 된 우리 집이라오."

"예, 알겠습니다. 감사합니다."

이튿날 약속대로 집을 둘러보고 마침 매수인의 맘에 들어 계약을 하기로 했다. 집 주인은 몸이 불편한 관계로 계약은 본인 집에서 하겠다고 했다. 중개인과 함께 집을 찾았던 일행은 준비해간 계약서에 규칙을 읽고 이모저모 따져가며 서명을 하고 있을 때다. 갑자기 아파트 벨 소리가 요란하게 났다.

동시에 대문이 열리고 불쑥 나타난 사람들은 할머니의 딸과 사위였다. 다짜고짜 중개사무소 사람들 앞을 가로막고 눈을 크게 뜨고 째려보면서

"누구 맘대로 이 집을 계약하느냐."

고 큰 소리를 쳤다. 부모님은 우리가 모셔야 하는데 가긴 어디를 가느냐고? 더구나 몸이 편찮은 어른들인데 어디를 가냐고 억지효심의 발칙하고 민망한 말을 쏟아 놓았다. 그 집에서 부모님을 모셔야 한다는 말을 연거푸 쏟으며 난동을 피웠다.

부모의 뜻을 완전히 무시하는 태도에다 횡설수설하는 말 속에는 정상적인 계약관계를 사기꾼으로 몰아붙이기도 했다. 황당한 말을 퍼부으며 상대의 말을 들으려고도 하지 않았다. 본인들의 언행이 바르지 않음을 스스로 알기 때문에 이야기를 듣지 않고 물리적인 방법으로 계약을 훼방하는 것이다. 정말 명문대를 나온 이집의 친딸인가 싶은 마음으로 놀라지 않을 수 없었다.

젊은 딸과 사위의 등등한 기세에 눌린 할머니는 할 말을 하려다 말문이 막힌 듯 눈에서 눈물이 고였다. 옆에 있던 할아버

지도 손에 쥐고 있는 손과 지팡이가 파르르 떨렸다. 언어도 어눌한 할아버지는 분노와 황당함을 감추지 못하고 일어서서 후려칠 기세지만 몸이 따르지 않아 일어서지를 못했다. 매수인의 일행은 어떻게 해야 될지를 모르는 난처한 입장이 되어버렸다.

노부부를 도와드리지 못함이 안타까웠다. 분위기가 살벌하여 일행은 엉거주춤 서류를 챙기고 일어섰다. 일행을 바라보며 할머니는 실망과 허탈과 부끄러움을 금치 못하는 모습이었다.

병중의 두 노인이 쓰러지기라도 할까 겁이 났지만 대문을 나서지 않을 수 없었다. 어떻게 이런 일이 있을 수 있을까, 늙어 병들고 힘없는 부모라고 어떻게 이렇게 할 수 있단 말인가.

물리적인 총과 칼이 아니래도 이건 충분히 그 행위를 방불케 하는 현장이었다. 그 집의 풍경을 보며 피도 눈물도 없다는 말이 떠올랐다.

욕심이 끝이 없는 우리 사회가 무섭고 두렵지 않을 수 없다. 젊어서 자식 공부시키는 게 전부였던 할머니에게 너무 가혹한 벌이다. 부모마음 비슷비슷하여 먹을 것 입을 것 참아가며 온갖 정성으로 키우고 공부시켜 결혼까지 시켰으면 이제는 덕은 아니래도 마음 편히 쉬고 싶은 게 인지상정이다. 그럼에도 연세가 많아 몸이 아프고 더 이상의 노동을 할 수없는 부모의 뜻을 거역하며 발목 잡는 딸의 속이 훤히 들여다보인다.

친정어머니가 노인이든 몸이 아프든 상관없이 집안 살림에다 자기 아이들 뒷바라지를 해주기 바란다. 돈이면 부모도 몰라보는 세상이 되어버렸다. 이리 탈을 쓴 효심을 보며 머리가 절로 흔들렸다. '자식 겉 낳지 속 안 낳는다.' 속담은 있다. 하지만 날 낳고 길러준 부모 앞에 이런 모습의 사람이 사회에 어떤 영향을 미칠지 두렵고 떨린다. 이런 일은 법적으로도 보호를 받으련만 그래도 부모님은 자식의 흉허물을 내 놓기 꺼려하고 평생 묻어둔 채 희생만 하며 살아간다. 이런 일들을 그 분은 미리 알고 십계명에

'네 부모를 공경하라'

명하시기도 하셨다. 이런 사회적인 문제들은 우리나라 교육열풍이 몰고 온 비극적 현실은 아닌가 하는 생각이다. 우리 집 아이는 공부만 잘하면 최고요. 옳고 그른 것을 가르치지 않는다. 학교에서는 거짓말을 밥 먹듯 해도 매를 들지 못하게 하고 가정에서는 오냐! 오냐! 하면서 기만 세워주니 예절과 상식을 모른다.

동방예의지국이라더니 예의는 책가방에 팔았는지 잘 아는 어른을 보고도 멀뚱멀뚱 인사 할 줄 모른다. 최고 학벌의 교육을 받은 청년도 필요하면 어른을 정면으로 기만하는 것이 예사다. 그래도 부모는 내 자녀는 바르고 최고라고 자랑하다가 남부끄러워 내 놓지 못하는 아픔을 겪는다. 아이의 성적으로 서열을 정해놓아 가정과 사람과 사회가 함께 무너진다. 교육비로 생활비의 절반을 쓰고 가정을 꾸리다보면 자신의 노후대책은 꿈도 못 꾸고 지내버린 우리나라 중년의 미래가 심심찮게 매스컴을

통해 나온다.

그렇게 돈으로, 정성으로, 희생하고 길러놓은 자식들인데 사회 꼴은 너무 엉망이다. 사회의 문화는 고도로 발달했는데 사람은 악하게 변해가고 있다. 자식은 부모를 몰라보고 돈이면 사람의 생명을 위협하는 온갖 행위도 양심 가책 없이 유통되는 시대가 되어버렸다.

이러한 현실 앞에 정부나 교육부에서도 또렷한 정답을 내 놓지 못하고 있다. 우리 교육제도는 이제 공부 성적보다는 예의 바르고 상식을 아는 가슴 따뜻한 사람이 되도록 교육 방침과 교과 형식이 달라져야겠다는 생각을 해 본다.

우리는 악한 이 시대를 본받지 말고 오직 선한 일에 몸과 마음을 다해 정성을 기울일 때가 되었다. 또 내 집 아이들의 버릇 없는 것, 경우 없는 것을 알면서도 무작정 보호하는 우리 어른들이 반성해야 할 때라고 본다.

- 2005년 초여름 쓴 글

16. 영적 싸움

얼굴 없는 도둑

거대한 사탄이 우리 집과 나를 날마다 공격을 한다. 믿지 않았던 사람이 교회를 다니고 있으니 넘어뜨리기 위해 철저하게 준비하고 모든 거짓과 술수와 악한 방법을 동원해서 철철 피나도록 상처를 입히며 공격해온다. 아마도 예전에 이십대 후반까지 하나님을 몰랐기에 방해를 해서 되돌아오게 하자는 그들의 계획인 것으로 보인다. 뒤 돌아보면 지금까지 우리 식구들이 교회를 다니고 있다는 것이 기적이라는 생각이 든다. 이십대 후반 처음 예수 믿고 갓난 어린애 같이 낯선 길 교회를 다니면서 넘어지며 속았던 모습의 생활이 떠오른다.

우리 집 식구 중에 혼자만 교회 출석을 하고 있어서 주일 아침 일찍 세수하고 옷을 입으면 남편이 매일 일하다가 일요일 하루 쉬는데 나를 혼자 두고 그렇게 교회를 가야 되냐며 옷을 잡고 늘어지기도 했다. 그런 남편의 말을 상대해 줄 말씀을 몰랐기에 속을 수밖에 없어서 한 달에 네 번의 주일을 두 번만 나가기로 맘먹고 남은 주일은 쉬면서 놀기로 했다. 그런데 하나님은 사탄에 속고 있는 나를 버려두지 않으셨고 담임 목사님을 통해 나를 부르셨다. 주일날 교회를 안가고 가족들이 느긋하게 놀고 있으면 시간상 대예배를 마치고 어김없이 전화를 하신다. 처음 한 두 번은 그러려니 했는데 정말 매번 전화를 하니 인간적인 생각으로 미안하고 죄송하여 순종한 것이 주일 성수 예배자가 되었다.

어느새 우리 식구는 모두 교회 생활을 하게 되었다. 문제는 몸에 배이지 않은 교회생활이란 힘들기만 했다. 주일날 예배를 시간 맞추어 가려면 아직은 어려서 잠을 좀더 자고 싶은 아이들을 깨우며 4가족 모두 분주하고 정신이 없었다. 또 주일 전날 토요일에는 부부싸움 할 일이 생기기도 한다. 분위기에 눌려서 교회를 안가고 싶은 마음이 굴뚝같은 날도 있었다. 그렇게 사소한 것 같지만 교회를 출석하지 못하도록 발목을 잡는 일은 자주 일어나고 있으나 우리를 방해하는 사탄의 장난이라는 것을 모르고 있었다. '한 영혼을 천하보다 귀하다.' 하시는 그 분의 전도 사업을 방해하려고 사탄은 얼굴을 숨기고 수단과 방법을 가리지 않고 가족의 틈새를 비집고 다닌다. 그래도 역사하시는 성령님은 예수님께 의지하는 마음을 주시니 혼자라도 출석하여 믿음을 지키기도 했다.

'열사람이 한 도둑을 못 지킨다.' 했는데 한 분이신 예수님은 주위의 수많은 적과 도둑을 지금도 낮이나 밤이나 물리치시고 우리 집을 지켜주시니 든든하게 믿음을 지키며 감사하고 있다.

숨어서 조종 한다

교회를 다니면서 남편은 어른이라 무엇이든지 알아서 해야 되는 것이라고 생각했지 위해서 기도하지 않았다. 어쩜 한가정의 가장을 사탄이 가장 먼저 공격의 대상이라는 걸 잊었던 내 탓! 이라는 걸 깨닫고 새벽에 기도를 했다.

"편한 것에 익숙하고 멋대로 살고 싶은 남편을 고쳐주세요." 라고 기도했더니 사탄이 조정하고 있음을 똑똑히 보여주셨다. 평소에 말 안 되는 상황이 일어나면 사람을 인격적인 존재로 보고 싶어 '그래 그렇지 사탄의 술수이구나.' 싶을 때가 있다. 그래도 뒤에 숨어 조종하는 것을 잊고 눈에 보이는 대로 생각하여서 분을 내고 마는 죄를 짓는다.

특히 주일날 남편의 옷 입는 것을 센스 있게 보기에 좋은 대로 입으라고 하다가 그것도 소통이 안 되는 경우도 있다. 그런 성품을 아마도 사탄은 쓰기에 좋은 도구이라는 걸 알면서도 나는 자주 속는다. 어디에선가 말씀을 듣는 중에 사탄은 사람의 인품, 그릇대로 사용한다고 했다. 그래서인지 사탄은 남편의 편한 습관과 느긋한 성격을 좋아하지 않을까 생각해본다.

주위의 이웃이나 교회 사람들도 그럴싸한 포장으로 둔갑을 시켜서 은근하게 연속적으로 교회사역도 방해를 한다. 사람관계의 사랑을 뺏는 사탄의 가장 큰 무기가 속임이고 좋은 일에도 조롱과 무시로 나타난다. 그리고 이유 없는 가시로 찌르기도 하고 질투라는 무기로 힘들게 할 때는 감정이 올라오기도 한다. 많은 문제를 들고 나타나는 적들은 좀처럼 가만있지를 않는다. 구석구석 뒤집기를 좋아한다.

시편의 다윗 왕이 위기 중에 하나님께

'악으로 선을 대신하는 자들이 내가 선을 따른다는 것 때문에 나를 대적하나이다.'

하는 기도문을 보듯이 사탄은 옳은 길 가는 사람은 신분이 왕이거나 평민이거나 상대의 그릇대로 가리지 않고 숨어서 방해를 한다. 그래서 늘 깨어 있고 어떠함의 문제도 배후의 조종하는 것에 속지 말아야 한다고 하면서도 인간은 눈으로 보이는 것만 보게 되는 것이다. 우리 주변에 사탄의 그물을 피하려면 어렵고 힘든 순간에 즉시 기도하여 예수님을 초청해서 대신 싸우도록 도움을 요청해야 한다. 그러면 무슨 일이든 생각 못한 좋은 것을 주시고 위기를 기회로 바꾸시는 성령님의 도우심을 보여주시기 때문이다. 어느 때나 나의 등 뒤에서 도우시는 그분의 보호하심으로 걸림돌에 넘어지다가도 오뚝이처럼 일어서고 힘을 내기도 함으로 감사만 있을 뿐이다. 그럼에도 예수님 없이 혼자 일을 하다가 우리는 실수를 자주한다.

작은 틈바구니

남편의 직장 학교 전근을 다니면서 불가피하게 이사하는 일이 생긴다. 그래서 싫든 좋든 새로운 교회를 다니게 된다. 그곳에서 상세한 기록으로 남기기에는 차마 어려운 일들이 많았다. 새 가족을 섬기는 바나바 사역과 일대일 양육을 방해하고 농촌선교의 영혼구원을 방해하기도 하였다. 어디에서나 장소를 가리지않고 사역의 일부를 방해하는 것을 알았지만 선교기행에도 포함 될 줄 몰랐다.

지난봄에 선교여행 기회가 생겼고 여정의 기행을 쓰고 싶어 동참하기로 했다. 그러나 직장은 봄이면 새해의 계획으로 바빠서 엄두를 낼 수 없기도 하고 선교지 테러사건으로 인하여 모두 망설이다 보니 주위 환경이 안 되어서 포기할까도 했다.

그러나 글을 쓰고 싶은 욕심에 억지로 실행했다. 우여곡절을 겪고 떠난 선교지에서 하루의 일정을 빠뜨림 없이 메모하였다. 멋있는 스토리가 될 것 같아서 피곤한 것이 사라지고 오히려 힘도 생겼다. 이튿날도 숙소에서 수영복 타입에 까운 사건은 화장실을 가느라고 그곳의 주의 사항을 듣지 못해서 에피소드가 생겼다. 처음에는 아주 좋은 기록의 일이라고 재미있어 했다. 그러나 이튿날 아침 식사시간에도 킥킥거리며 조롱거리가 되어 있었다. 한 사람을 잣대로 까운 이야기가 계속되었다. 부목 사모님이 나도 어제저녁 미처 이야기를 못 듣고 잘못 입고 나가다가 목사님 알려주어서 바로 입었다며 이런 곳에서의 그런 일은 한번 웃으면 될 걸, 자꾸 그러면 안 된다고 진지하게 말을 막고 겨우 입을 막았다. 그리고 하룻밤 잠을 큰 배에서 자야하는 이동하는 코스에서 저녁을 먹고 숙소를 잡았다. 나이 많은 두 권사님은 처음 배치했던 조가 바뀌었다며 우리 방으로 와서 함께 자게 되었다.

두 분의 이야기는 처음 조의 팀장이 맘에 드는 사람끼리 팀원을 바꾸는 것을 보면서 마음에 상처를 받았다며 속상하다고 울먹이는 것이었다. 난생처음 큰 배에서 밤을 보내며 잠을 자며 글을 쓸 소재가 많아서 기대하는 나에게 찬물이 쏟아졌다.

살짝살짝 흔드는 파도가 아가를 태운 그네처럼 부드럽고 끝이 없는 넓은 물침대에 몸을 눕히고 찰싹이는 파도소리는 엄마의 자장가처럼 바다의 야경은 아름다움의 극치이다. 그 속에서 소소하게 들리는 바람소리와 풍경을 세세히 노래하고 사람들이 소곤소곤 남기는 이야기들로 써야 하는데 너무 빗나버린 환경에 아픈 이야기를 담지 못하겠고 결국 글을 쓰는 메모를 접게 되었다. 기행문은 역사의 기록과 그곳의 특징도 점점이 넣겠지만 그것보다 더 중요한 게 여행 중에 사람들의 모습을 담으므로 더 정답게 읽어지는 것이다. 특히 선교지는 역사기록보다 여행 곳곳의 특색을 간혹 표현하고 순전히 사람들의 행복한 에피소드의 스토리를 넣어야 하기 때문이다. 결국 두 번의 아주 좋은 스토리의 핵심을 거꾸로 뒤집을 수도 없어 선교기행문은 날아가고 말았다.

그렇게 글쓰기를 접고 나니 여행의 목적이 없어지고 재미가 사라졌다. 억지로 다니는 여행은 힘도 없고 재미도 없었다. 정말 그렇게 지독하게 사탄은 나를 끝까지 따라다니며 하나님의 영광을 방해하고 있었다. 생각해보니 그것도 나의 잘못은 있었다. 여행을 준비하는 과정에 목적지 주변 현장에 테러사건까지 일어나고 모두 망설이는 것을 반복하면서 여행자 모두 무사히 다녀오는 기도를 간절히 했다. 그러면서도 선교기행을 아무 탈 없이 쓰게 해달라고 기도하지 않았다. 그것은 나 혼자 하는 일이라 있는 그대로 쓰면 된다고 생각했기 때문이다.

글쓰기는 모든 면에 아주 예민한 것이다. 깊이 있는 사고가 없이는 글 한 줄도 쓸 수 없고 더구나 여행지에서는 쉬지도 못하고 몸이 피곤하기 때문에 마음이 먼저 상쾌해야 낯선 곳의 느낌이 줄줄이 나오는 것이다. 사탄의 머리 지수가 삼백이라더니 처음계획 테러사건부터 크게 시작하여 사람들의 행동에서 보이는 그 작은 틈바구니를 놓치지 않고 내가 글을 멈추기까지 지독하게 방해를 하였다. 선교기행을 쓰는 사명이 없이 그냥 갔더라면 부담 없이 좋았을 것이다. 평소 보기에 착해 보이는 사람이 갑자기 아무것도 아닌 일에 화를 벌컥 내는 것을 보아도 피곤해서 그렇겠지, 또 그러려니 했을 것이다. 어떤 일이든 기록하지 않으려면 아무것도 문제될게 없고 자연스럽게 넘어가고 즐겁고 좋은 여정이 되었을 것이다.

여행 이튿날 몸살이 난다고 했더니 큰 사모님이 숙소로 뛰어와서 기도를 해주고 이튿날 개운하게 일어난 일과 곳곳의 타임마다 소녀처럼 또르르 웃는 행복한 웃음을 듣고 본대로 기록했더라면 참 좋은 기행문이 되었을 것이다. 그렇게 한없는 사탄의 방해와 술수를 방어하지 못하고 아쉬움만 남았지만 강한 훈련을 받은 기분이다.

위 사건들은 모두 일시적으로 끝났지만 한해의 구역사역을 방해하는 사탄은 잘되어가는 예배를 조롱하며 속 보이는 환한 방법으로 한 해가 다가도록 끈질기게 공격하여 결국은 구역을 해체하고 말았다. 분열을 목적이던 사탄의 조정으로 행하는 사람은 모태 신앙이라고 한다. 주님의 큰일을 방해하고도 능청스럽고 자기 일은 중요시하는 것을 보면서 오래된 믿음이 사람됨이 아니라 성령님이 함께해야 옳은 인격자임을 알게 되는 기회였다. 그러나 하나님은 살아 계셔서 더 좋은 경험의 사역자리를 예비해 주시니 간증이 되는 감사만 있을 뿐이다.

감사로 풀자

어느 해에 있었던 일이다. 교회에서 대예배 성가대 봉사를 열심히 하고 있을 때다. 집에서 먼 강원도로 여행을 갔는데 가을풍경에 취해서 머뭇거리다 시간이 늦어져서 다음날 본 교회 주일을 빠지게 되었다. 성가대 찬양만 아니면 그냥 그곳 타 교회에서 예배를 드리면 될 것 같았다. 그러나 나의자리 봉사를 빠지는 게 맘이 허락지 않았다. 나 한명 없어도 충분히 되지만 그 즈음에는 그렇게 하고 싶은 마음이 많았다.

오색가을과 더 놀자고 집으로 가기 싫다는 가족을 졸라서 늦은 시간에 집으로 차로 달렸다. 낮의 산길의 도로는 가을 단풍으로 아름답고 해안의 도로는 푸른 물결에 하얀 파도가 시원하게 부서지는 그림 같은 풍경이었다. 단풍과 파도와 바람이 신나는 드라이브 길이지만 깜깜한 밤에는 신호등 없는 좁고 낯선 길이었다. 산길과 들길에는 차 한대의 헤드라이트 불빛으로는 너무나 역 부족이었다. 그런 줄 알면서도 떠난 길이고 돌아갈 수없는 낭떠러지 위험한 길을 슬슬 거북이처럼 느리게 겨우 빠져나오기를 반복하였다. 그런 길을 피곤하게 운전하는 남편에게 미안하 였다. 겨우 산길을 벗어나고 고속도로에서는 최고의 속도로 달려서 아침시간 즈음에 우리 집에 도착하였다. 밤새 잠도 안자고 먼 길을 와서 앉지도 않고 얼른 씻고 성가대 연습을 시간 늦지 않게 도착하기도 하였다. 그렇게 열심을 내고 있을 때 교회의 가장 돋보이는 사업가 장로님으로 주일 성가대 식구들의 까운을 입고 벗는 시중부터 신발 정리를 해주며 너무 친절하고 인자하신 분이 있었다.

어느 날 들리는 소문에 사업 부도로 빚쟁이들이 교회로 밀려오고 이사람 저 사람에게 돈을 빌린다는 소문이 있었다. 아니나 다르게 나한테도 돈을 빌려 달라는 전화가 오기 시작했다.

그날은 내가 경영하는 서점에 목사님이 심방을 왔는데 또 돈 빌려 달라는 전화가 왔다. 장로님은 남편은 빌려주었는데 나보고는 왜 안 빌려 주냐고 떼를 쓰는 것이었다. 옆에서 들으시는 목사님은 손짓 눈짓으로 돈을 빌려주면 안 된다며 거저주려면 주라고 하면서 안 된다고 하였다.

그 후 돈 빌려주지 않은 괘씸죄에 걸리고 그토록 친절하던 사람이 얼굴도 외면하고 성가대 연습장에서 눈도 마주치지지 않았다. 말도 안 되는 이유로 젊은 나에게 차별대우를 한다 싶기도 했다. 그러나 어린아이 같은 작은 믿음의 그릇을 훌륭한 장로님 가시로 영적수준을 높혀 가는 과정이었구나 싶으니 그것도 크게 감사해야 할 일이었다.

17. 화평케 하는 자

진정한 리더십

요즘 자주 떠오르는 정치이슈의 문제들을 보면 군대에서 일어나는 총기사살 사건으로 피가 팔팔 끓는 젊은 청년들이 가해자와 피해자로 상상이 안 되는 일들이 일어나고 있다.

그곳에는 의대를 다니는 청년도 포함되어 있었으니 지능이 낮거나 진짜문제가 있는 사람이 연루 된 것이 아니라는 걸 알 수 있다. 부족할 것 없이 사랑을 듬뿍 받고 자란 사람일수록 마음은 여리고 착할 수가 있다. 요즘은 어느 가정이나 귀하게 존중받고 자란 청년들이라 군이라는 울타리 안에서 일어나는 가혹한 폭행을 견디기 어렵고 모욕적이거나 차별대우를 결국은 총기 난사사건으로 표출하거나 탈영하는 현상으로 폭발해버리는 경우가 많다. 청소년 자살 사건도 마찬 가지다. 대부분 학생들은 따듯한 온실 속에 자라듯이 귀하게 자라 학교라는 공동체 생활에서 다양한 문제를 해결하기 어렵다.

우리 집 큰 아들이 중학교에서 있었던 일이라고 했다. 같은 반 친구가 이유 없이 매일 사소한 시비를 걸어와서 귀찮고 성가시어서 견딜 수가 없었다고 한다. 하루는 너무 화가 나서 그래 너와 내가 한번 싸워보자고 몸싸움을 했는데 예사롭게 한 것이 아니고 온 교실을 발칵 뒤집어지도록 쫒고 쫒으며 악착같이 끝까지 싸우고 이긴 일이 있었다고 한다. 그런 후 부터는 그 친구가 절대 시비를 걸지 않고 조용해졌다는 것이다. 우리집 아이는 키도 크고 덩치도 남 못지 않는데도 온순하니까 시시비비를 걸어서 기를 죽이자고 괴롭히다가 완전 성난 사자처럼 끝까지 덤비는걸 보고 물러간 일을 듣고 정말 놀란 적이 있다. 부모인 우리부부는 그런 일을 몸으로 막는 배짱과 기질이 없는 사람들인데 위기를 스스로 힘과 몸으로 이겨낸 아들이 신기하고 장하기도 하였다. 만약 그렇게 방어하지 못했더라면 우리집의 아이도 피해자로 자유로울 수 없었다는 걸 알고 가슴을 쓸어내린 적이 있다.

대부분의 학생들은 마음도 힘도 약하여서 그런 경우를 대처하지 못하고 끝내 큰 문제를 만들고 만다. 학교에서는 시험 점수만을 올리려고 교과서 예습복습을 가르치기만 하지 친구와 소속에서 일어날 여러 가지 문제들에 대하여 방어 법 또는 남을 함부로 대하지 마라는 훈계를 철저히 교육하지는 않는다. 그러기에 왕따와 차별대우 때문에 자살을 하는 청소년들, 또 회사에서도 직속상관의 무분별한 무시의 발언들을 견디다 못한 사건이 여기저기 터지고 있다. 그러다 결국 돌이킬 수 없는 문제가 터지고 죽은 자는 말이 없으니 피해자를 모함한다. 피해자에게 공동생활을 잘 적응 하지 못하거나 정신적으로 문제가 있는 사람들로 분류하여 쉬쉬하는 경우가 다반사다.

장래가 구만리인 청년들이 군대에서 이런 피해를 입는다는 것은 개인적으로 생각해보면 가정이 산산조각 나는 일이라고 말하고 싶다. 그리고 그런 일들은 한번으로 교훈이 되고 끝이 나면 좋겠지만 오히려 전염병처럼 여기저기 일어나는 것을 본다, 그래도 사람들은 직접적인 나의 일이 아니면 깊이 생각해 보지도 않은 채 약간은 공감하다가 곧 잊어버리는 것이다. 그런 것들이 안타까워서 쉽게 지워지지 않는다.

학교에 학생들이 겪는 것 중에 가장 아픈 것이 왕따이고 온갖 심부름과 폭행으로 괴롭힘을 당한다. 견디다 못해 선생님께 말을 하면 고자질하는 것으로 더욱 확대되고 오히려 더 나쁜 사람으로 몰리고 본인의 하소연이 통하지 않아서 분을 참지 못하고 자살을 해버리는 경우다. 부모님은 바빠서 아이의 소리를 들을 겨를도 없이 살고 있다가 자식을 잃고서야 통곡을 한다.

그래도 한사람이 죽음을 선택하는 극단적인 행동 전에는 여러가지 방법을 취했으리라고 본다. 학교의 담임선생님은 아이들의 작은 소리에 귀 기울여 듣고 살펴보아야하는 의무와 책임을 다해야 한다. 결국 학교의 선생님이나 상관들이 단체나 소속을 다스릴 때 작은 자의 소리를 더 깊이 들어주고 진실과 거짓을 분별을 할 줄 아는 리더십이 필요하다.

학생들이나 군의 장병들에게 일어나는 문제는 감추기가 일쑤여서 여러가지 피해를 보는 사람들은 문제에 부딪힐 때 예고

없이 당하고 당하다가 큰 상처를 입은 후에야 외부로 드러나기 시작한다. 이미 그것은 부피와 크기가 커져있다는 것을 감지할 줄 알아야 한다. 그것도 한꺼번에 모두를 보이지 못하고 서론 밖에 전달되지 않는다. 숨겨진 것의 큰 아픔보다 보이고 들리는 것은 빙산의 일각이라는 사실을 감지해야 한다.

군이나 학교, 사회의 직장 상관들이 바른 리더십을 가진 사람들이라면 소속의 아랫사람이나 부하직원들의 개인의 소리를 깊이 있게 듣고 문제를 빨리 파악해서 처리해준다면 막을 수 있는 대형 사건들이다. 리더십은 타고나는 것이 아니라 교육으로 가능하다. 우리나라의 교육 열풍에 필수과목으로 꼭 포함되어야 하는 것이 있다면 리더십의 교육이다. 사건의 옳고 바른 것을 헤아리지 못하는 사람이 리더가 되어있으면 소속이 무너지고 나아가 사회에 큰 파경을 몰고 오는 것이다.

'화평케 하는 자 복이 온다'

는 말씀처럼 진정한 리더십이야말로 가정이나 사회의 소속을 화평케 하는 기술이라고 본다,

갑 질도 겸손하게

서울시 커뮤니티 전문가로 다른 자치구 주택과에서 일하는 사람과 저녁을 먹으며 들은 이야기다. 아파트 단지에서 공동주택 사업 설명회와 비롯해서 서업계획서를 쓰고 문화 프로그램으로 사람들을 아우르고 화합하도록 하는 일도 많지만 구청에서는 서울시에서 내려오는 공문을 받아서 답을 보내고 활동 보고서를 쓰는 등 컴퓨터 일을 많이 한다.

처음에는 문제없이 소통하고 일을 했다고 한다. 문제의 발단은 단지에서 사업 계획서를 쓰고 심의를 거쳐야하는 과정에서 주민의 단체장이 본인의 단지를 소개하는 글을 쓰고 심의의원들 앞에서 발표하도록 하였다. 주민 자생 단체장에게 충분히 설명하고 글을 써왔다는 것이다. 그래도 앞, 뒤를 잘 정리해서 담당 공무원에게 전달하니 내용이 길다고 하며 직접 줄이더라는 것이다. 그것도 커뮤니티전문가의 충분한 설명과 도움을 받아서 사업신청을 했다는 주민의 생각을 자꾸 지워 버리는 것이다. 전문가인 본인이 보기에는 글을 말도 안 되게 너무 줄여서 주민도 기분이 안 좋을 것 같다고 말해도 안 듣더라는 것이다.

그 마음속에 결국은 커뮤니티의 활동을 배제하고 본인이 일 한 것처럼 보여 지는 것을 느껴도 그러려니 하고 넘어 갔다는 것이다. 그리고 지방에서 공동체 활성화 사업 강사 초청을 커뮤니티 본인에게 전해주지 않고 다른 외부강사를 소개 시켜준 것을 뒤늦게 알고 기분이 아주 상하더라는 것이다 그래도 일일이 따지지 못하고 그것도 넘어갔다는 것이다.

그 후에 또 문제를 만들고 말았다는 것이다. 서울시에서 공동주택 커뮤니티 활성화 사업에 필요한 지원금을 주민에게 내려주는 돈을 받으려면 주민이 보증보험에 가입하는 과정이 있었다. 서울시가 지금은 보증보험에서 3사람의 보증을 세우라고 하지만 주민이 번거로울 것 같아서 보험회사와 한사람을 하는 협의를 거치고 한 사람보증으로 줄여보겠다는 공문내용이 있었다. 처음 조율하겠다는 내용대로 후에는 서울시에서 단지에서 대표 한사람으로 보증해도 된다고 공문이 왔다. 그래서 커뮤니티는 단지에 그렇게 전했고 주민들은 이미 보험회사와 협의해서 한사람 보증을 세워서 신청서를 올라왔다는 것이다.

그걸 담당 주임에게 전달하니 버럭 화를 내면서 세 사람 보증을 안서면 안 된다고 즉석에서 아파트 단지마다 전화를 돌리고 다시 세 사람 서류를 하라고 지시하니 단지 주민들과 관리소에서 보험회사가 인정하는데 무슨 권한으로 세 사람 이냐고 난리가 났다고 한다. 그리고 서울시 주택과 담당에게 전화를 해서 세 사람의 보증을 세우려면 우리는 이런 돈 안 받겠다고 빗발치듯 항의를 하기도 하고 주택과 담당 공무원에게도 잘 알고 행정을 처리하라는 항의도 들어왔다. 그러자 담당은 주민항의를 감당을 못하고 서류가 정리되지 않은 상태에서 커뮤니티 전문가에게 말도 안하고 단지에 돈을 내려놓고 일을 마무리하려고 했다는 것이다. 주민들은 그러잖아도 보증보험의 문제로 예민해 있는데 돈이 들어온 줄도 모르고 있다가 나중에서야 돈 들어 온 과정을 알고 주민끼리 책임공방으로 갈등이 생겨 사업파기를 하는 일이 생겼다는 것이다. 그렇게 다된 사업을 망쳐놓았다고 행정처리 잘하라는 주민의 항의는 오는데 본인의 잘못을 시인하지 않고 책임전가만 시키는 것이다.

이 문제는 커뮤니티가 처음에 주민으로부터 공문 내용대로 정상 보험 가입을 받아온 것을 인정하면 되는데 주민에게 주무관 본인의 권리를 내세우며 저질러버린 문제이다. 그렇게 만들어진 사건을 민원이 빗발치자 공무원 본인의 잘못을 커뮤니티에게 전가하기 위해 세 사람 보증을 안 세웠다고 커뮤니티를 탓하며 똑같은 말의 책임 전가를 시키더라는 것이다. 따지고 보면 아파트에서 다된 사업을 담당이 개입하여 틀어지게 했으니 도리어 잘못은 본인이 하고도 시인도 안하고 하는 행동이 가관이라는 것이다.

보증보험에서 한사람을 보증해도 되는 것을 인정하고 승인했고 주민들도 세 사람의 보증은 번거롭고 싫다고 난리인데 주민에게 공무원이 갑처럼 권리를 내세우며 본인의 말을 따라야 한다는 식의 명령 행정 처리를 한 것이다.

그런 일이 벌어지고 주민으로부터 빗발치는 항의를 듣고 화풀이의 소란을 피우는 적반하장의 일을 겪었다는 것이다. 옆좌석 남자주무관이 한마디 하여도 눈도 깜짝 안하고 멋대로 행동하더라는 것이다.

공동주택 커뮤니티 전문가는 서울시청에서 검증을 통해서 전문가로서 활동을 하는 사람이고 주민의 편의를 도우며 주택과의 실적을 올리기도 하는 것이다. 담당 주임은 업무의 일부로 함께 일하므로 서로 돕는 관계임이 분명하다. 그런 일이 벌어지고 상부에게 젊은 공무원을 불러다가 사과를 시켜 달라고 말을 했는데도 불러서 뭐하겠냐고 하면서 덮어버리고 요즘 젊은 여자 공무원의 버릇없는 것은 상관인 본인한테도 어떤 경우에는 인사도 안한다며 이해하라고 한다는 것이다. 그 사건의 일을 보면서 젊은 세대의 무분별한 행동은 공무원이 되어도 변하지 않고 이기적인 속셈으로 자신의 잘못을 인정하지 않고 해당 주민에게 피해를 주고도 태연하다는 것이다.

그리고 서울시 공동체 우수사례 발표선정이 되었는데도 차량지원을 담당 주임 맘대로 안 된다고 상상이상의 짓을 하고도 눈도 깜짝 하지 않는다는 것이다. 그러자 일의 일체를 옆에서 함께 동석하였고 상부들과 함께 상담의 내용을 나누었던 남자 주임 한사람이 전문가님이 그렇게 누명만 쓰고 안 된다며 해결하도록 도와준다 했고 그래서 모두가 아는 일이라 해결될 줄 알았는데 그 여직원의 행동은 여전하고 공문도 제대로 챙겨주지 않는 불이익을 당하고 있다고 하소연 해왔다. 그 일은 담당 공무원이 서울시가 배출한 커뮤니티 전문가의 일을 인정해주고 일을 방해하지 말아야하고 단지와의 갈등을 만든 일은 공무원이 주민에게 잘못을 시인하고 사과하며 문제를 풀어가야 함에도 잘못을 남에게 전가하는데서 비롯된 것으로 보인다.

얼마 전에도 서울시에서 내려오는 공문을 제때에 받지 못했다는 것이다. 서울시 공동주택 활성화 경진대회의 공문도 안주고 본인이 찾아서 받고 더구나 서울시 층간소음 상담가 3일간의 교육도 공문을 한 달이 지나도록 전달 받지 못해서 참석치 못했다고 한다. 그것은 요즘 아파트마다 층간소음으로 고충을 겪고 갈등이 자주일어나기에 그것을 방지하는 양성교육과정이라 불이익을 크게 당했다고 한다. 또 서울시 공동주택 우수사례 경진대회에 선정이 되고 우수사례의 기쁜 성과를 냈음에도 주민에게 전화를 하여 갈등을 일으키고 차량지원을 해달라는 서울시 공문에다 줄을 좍좍 그어 안 된다고 하는 유치한 행동을 한다고 했다. 이것은 엄연하게 공무원이 업무방해를 하고 있는 것이라고 보이는데 그런 행동을 하여도 해결하려고 하는 윗분이 없다는 것이다. 내용을 듣고 볼수록 이일은 담당 공무원은 자기일의 분량만 담당하고 커뮤니티의 일은 커뮤니티가 하도록 되어있는 것을 일을 중간에 주민들에게 본인의 힘을 갑으로 보이기 위해 저질은 일이라 보인다. 그리고 공동주택 활성화사업의 모든 일의 과정을 자신이 한 것처럼 보이기 위함이 확실하다. 이런 일은 소속에서 일어나는 작은일 같으나 알고 보면 크고 심각한 일이다.

한사람 개인 젊은 공무원이 바르지 못한 행동으로 주민들이 단지 내 갈등으로 고충을 겪고 있고 그냥 덮어두고 지나가라지만 상대의 행동은 여전히 변하지 않으니 어렵고 힘들다는 것이다. 서울시 공문을 정시에 안주고 간접적으로 자꾸 피해를 입히는 것을 옆 사람들은 모를 수 있다는 것이다. 알고 보면 심각한 문제임에도 계속되고 있고 이렇게 또 사회악을 키우는구나 하는 마음이든다고 했다.

사회속의 소속에서 생기는 일은 작든 크든 빨리 듣고 이해하고 해결할 줄 아는 상관이 있어야 한다고 본다. 군대의 젊은이들이 탈영하거나 총기사건도 이런 문제와 비슷하다고 본다. 모든 내용을 잠시의 대화로 해결된 것처럼 덮어두고 조용하기를 바라지만 완전한 해결이 없이는 갈등은 끝나지 않는다. 소속을 다스리는 팀의 상부는 세심한 리더십이 있어야 한다고 본다. 리더십은 일계층만 필요한 것이 아니고 가정에도 작은 단체나 모임에서도 있어야하는 필수 조건이듯이 직장에서는 아주 중요하다고 본다. 누구나 갖추어 할 덕목 중에 하나로 리더십을 겸해야 한다고 본다. 리더십은 어느 나라이건 교육과정의 필수로 들어가야 함을 다시 한 번 강조하고 싶은 마음이다.

요즘 인터넷이나 매스컴을 통해 갑 질의 횡포가 심심치 않게 나오고 있듯이 이런 공무원의 바르지 못한 행정 처리를 두고 주민들이 갑 질 한다는 소리를 한다는 것이 문제이다. 고집으로 보이는 갑 질에도 자리와 때와 분위기에도 맞아야 한다. 사람들은 직장에서나 사회에서 '남을 나보다 낫게 여기며' 조금이라도 겸손해지면 생각보다 돋보이고 유익해진다는 것을 말하고 싶다.

18. 그것이 덫이다

가시밭 길

몇 년 전 갑자기 두 아이들이 독립하고 나니 저녁시간에 허전하고 썰렁했다. 거실은 넓고 방들은 비어있으니 늘 심심하고 외로워지는 기분이 들었다. 아이들이 쓰던 물건들을 정리하고 고층아파트를 벗어나 경치 좋은 곳에다 전원주택으로 갈까 생각해봤다. 여러 곳을 알아보는데 시골은 밤에 깜깜하니 무섬증 많은 내가 생활하기에 부적합 판단을 내렸다. 인터넷으로 지하철 3호선 라인으로 집을 알아보는데 새로 짓는 주택을 소개받았다. 테라스가 넒은 마당처럼 넓어서 학교사택 실습실에서 토마토 가지를 심던 생각이 떠올랐다. 그 곳에 좋아하는 장미를 심으면 되겠다 하는 마음이 들었다. 역세권이라 출 퇴근하기 좋고 마음이 끌려서 하나님께 물어보았다.

"그 집을 사면 어떨까요."

했더니 환한 미소로 답하셨다. 똑같은 질문을 할 적마다 똑같은 미소를 환하게 지으셨다. 그래도 너무 생소한 동네이기도 하고 다른 곳의 아파트도 맘이 가는 곳이 있어 결정하기 전에 분양 사무실을 찾아 이것저것 물어보다가 여직원의 말이 건축주가 교회 장로님인데 새벽기도를 하면서 매매가 잘되는 응답을 받는다는 것이었다. 그래서 교회 장로님이 지었으면 얼마나 신실하겠냐 싶은 생각이 계약서를 빨리 쓰게 되었다. 집은 완성이 되어 이사를 했다. 살던 집보다 실내는 좁아 불편 하여도 바깥 마당이 넓어 좋았다. 어느새 마당에 심은 장미가 자라고 오이, 고추, 가지, 호박, 상추, 땅콩까지 자라니 예쁜 꽃도 보고 채소도 먹고 새들도 오고 너무 좋다고 기뻐했다. 날마다 마당의 찐한 풍경에 하루 일을 마치고 퇴근하면 피로가 확 날아가는 듯 했다. 별이 총총한 밤하늘도 올려다보며 좋아 하는데 구청으로부터 이상한 문서가 날아들었다.

테라스 부분에 새시가 불법이라며 철거 명령이었다. 만약 철거하지 않으면 5년에 걸쳐 벌금을 내고도 불법 건물로 명시된다는 내용이었다. 생전 처음 보는 불법 고지서를 들고 분양사무실에 갔더니 건축주 아들 황 대리라는 남자가 뒷집아주머니를 마구 욕하면서 고발 할 줄 알았다고 떠들었다. 무슨 영문인지 모르고 해결해주겠지 하고 올라 왔는데 며칠사이 사무실이 없어졌다. 할 수없이 구청 건축과로 갔더니 이런 경우 법적으로 집을 산사람이 책임이고 벌금을 내야 된다고 했다. 너무 황당하여 말도 안 된다며 건축주가 속였고 이런 집을 허가해준 구청도 책임을 져야한다고 했더니 우리가 할 일이 아니니 억울하면 사실을 글로 쓰고 민원을 넣으라고 했다.

그래도 민원을 넣기 전에 타협을 해보려고 연락을 했으나 담당이었던 사무실 직원들은 모른다고 회피하고 건축주에게 미루고 연락처도 가르쳐 주지 않았다. 할 수없이 건축보증보험회사에 연락을 하여 겨우 건축주와 전화를 하게 되었다. 우리는 새집을 사고 벌금을 내야 하는 것이 이해가 안 간다고 하였으나 통하지 않아서 5년을 거쳐 나오는 벌금의 일부라도 책임을 지라는 타협도 받아주지 않고 상스러운 말과 욕을 하면서 어림도 없다고 했다. 그리고 전화를 일체 안 받고 문자를 보내 봐도 깜깜하게 연락 두절이 되었다. 그래서 생전 처음으로 진실을 밝혀달라는 민원을 쓰게 되었고 구청 감사실에 제기 하였다. 구청 감사 팀장님도 보통 이런 경우가 생겨도 건축주가 책임지고 해결해주곤 하는데 이번 건축주는 보기 드문 사기꾼 놈이라고 욕을 하면서 아주머니 일을 잘 처리해주라고 직원들에게 부탁했다. 그것이 바로 소송이 되었다. 진실규명의 내용을 보낸지 보름이 지나고 건축주의 답변서가 올라왔다.

"건물 새시를 한 적도 없을 뿐더러 우리가 이 집으로 이사를 들어와서 했다."

는 터무니없는 거짓말 주장을 하였다. 또 새시시공업자의 이름으로 '사실 확인서' 라며 우리로부터 새시시공 의뢰를 받았다는 내용이 자필로 적어서 올라왔다. 어처구니없는 모함에 귀가 막혀서 어떻게 기도를 해야 할지 떠오르지 않았다. 상대는 장로인데 거짓말 기도를 어떻게 하는지 참 아이러니한 기분의 시간만 흘렀다. 그래도 오직 붙잡을 건 하나님 한 분으로 하소연 했다.

"하나님 아버지! 제가 왜 이런 말도 안 되고 상상도 못한 이런 사기를 당해야 합니까."

제가 사람들의 돈을 피해 입히거나 빌린 돈 갚지 않은 게 있습니까? 오히려 교육공무원의 박봉의 돈을 이웃 부자에게 빌려주었는데 그는 높은 이자 놀이를 하고 이자를 준대도 받지 않았습니다. 그리고 시장에서 물건을 사고 나머지를 받고 집에 와보면 물건 값보다 많은 잔금이 온 걸 보고 깜깜한 밤이라도 돌려주려고 뛰어 가보면 문이 닫히고 그걸 못 돌려주는 시간이 길어 몸살을 하는걸 아시잖아요. 아무리 뒤집어 생각해도 모르겠어요."

이 일과 무관하신 죄 없는 예수님께 따지는 격이 되었다. 그러다 어느 날은 '시편의 다윗 왕' 도 온갖 적들과 싸우면서 드린 기도를 따라 해보자 하는 생각이 떠올랐다. 시편의 말씀을 보면서 답답하고 기막히는 위기에 다윗 왕이 드렸던 기도가 얼마나 힘이 되는지 말씀을 붙잡고 기도를 했다.

그래도 저들의 거짓말은 계속되었고 2년이 넘도록 끝이 나지 않았다. 우리는 구청에서 밝혀주는 도면 구조 사실 자료와 인터넷에서 찾은 세탁실 건축법을 찾아 증거자료로 보내기도 했다. 또 새시 시설비용으로 돈을 주고받은 통장내역과 새시시공업자를 불러 법정 증인으로 세워달라는 것도 이루어지지 않고 있었다. 진실의 내용을 법정으로 올려 보내면 거짓말을 홍수처럼 올려 보내니 판사가 보고도 여러 번의 재판 날들이 오가는 속에 진실규명을 해내지 못하고 세월만 보내고 있었다. 그 기간 동안 담당 판사가 한 번 바뀌고 공익 변호사도 3번이나 바뀌니 결과 없는 시간만 흐르고 있었다.

그런 우리 집 일을 잘 아는 이웃 권사님이 그쪽이 교회장로라니 만나서 일을 해결해보자며 건축주의 집을 찾아 가자는 것이었다. 여러 차례 전화 받는 인격을 봐서 소용이 있겠나 싶어도 권사님을 따라 나섰다. 거주지는 부천시였고 아파트는 대문에 부천의 규모가 엄청 큰 교회의 이름 팻말이 붙어 있었다. 벨을 몇 번 눌러도 답이 없었다. 집에 아무도 없을 것을 대비해서 수요일을 맞추어 찾아 갔으니 수요예배 시간 전에 교회로 찾아갔다. 교회도 건물규모가 엄청 크고 교회주보 순서 란에 우리 보란듯이 건축주가 대표기도 장로 이름으로 들어 있었다.

교회사무실에서 담당 부목사님의 안내를 받고 기다리고 있으니 건축주 부부가 웃으면서 들어오다 나를 보더니 부인도 자리에 앉지도 못하게 하고 얘기를 들으려고도 하지 않았다. 목사님이 앉으라 하였으나 고함을 지르면서 법에서 말해줄 꺼라고 하면서 부인의 팔을 끌고 나가 버렸다. 그러자 부목사님은 저 장로가 거짓말 할 사람이 아니라고 편을 들었다. 우리는 일의 전후사정을 설명하고 한번 확인하여 조정으로 소송을 마무리하게 해달라고 부탁을 했다. 부목사님은 이야기를 들어보니 이해가 가니 다시 장로와 만나서 일을 해결해 주겠다고 했다. 그 후 며칠이 지나고 연락을 해보니 목사님은 건축주 황 장로가

"내가 언제 거짓말 하는 것 봤냐."

고 사실을 일체 부인 하더라며 오히려 우리를 의심하는 싸늘한 대답을 했다. 그래도 지푸라기라도 붙잡는 기분으로 수요일 만난 부인 김권사 본인의 이름이 사업 주로 되어 있으니 이런 진실을 더 잘 알고 있지 않느냐고 처음 말한 것처럼 일부 금액으로 해결 주면 나머지는 우리가 내겠다고 했더니

"왜 고소를 했느냐, 처음부터 이렇게 했다면 변호사비로 해결해주었을 것을 하면서 고래고래 악을 썼다."

첫인상의 외모하고는 너무 다른 말투에 감짝 놀랐다. 민원 넣기 전에 우리가 그렇게 타협 하자고해도 거부하더니 이제는 우리가 하고 싶은 말을 그쪽에서 하고 있었다. 정말 이렇게 독한 사람들 인줄 알았으면 그냥 손해를 보고 말 것을 법정을 가보지도 이런 일을 들은 적도 없어서 구청이 시키는 대로 하면 금방 해결 나는 줄 알았다가 너무 기가 막히는 일만 당하게 되었다. 사건 해결이 길어졌고 새로 맡은 재판관이 우리 집 새시를 한 벽이 도면상 불법 같다면서 구청에 알아보라고 해서 불법 벽으로 밝혀졌다. 그걸 밝히고 공판 일을 잡더니 실행하지 않고 미루고 미루고 하는 일이 생기었다. 느낌이 이상했다.

그러는 어느 날 판사가 직접 우리 집을 현장 점검하러 온다고 하는 연락이 왔다. 조금 의아했지만 진실은 여기서 밝혀져야 한다는 생각을 하면서 안방의 말씀 문구를 드나드는 출입구 피아노 위로 옮겨 놓았다.

시편 1:1 '복 있는 사람은 악인의 꾀를 따르지 않고 죄인의 길에 서지 않으며 교만한 자리 에 앉지 아니하고 오직여호와의 율법을 주야로 묵상하는 자로다'

약속한 당일 진짜 판사가 나왔다. 문제의 새시를 보며 이리 저리 집의 구조와 설치 벽을 살피면서 불법 벽을 보고도 명쾌하지 않은 말을 하였다. 그러나 점검을 마치고 출입구 피아노 앞에서 차를 마시면서 테라스를 드나들면서 한참 말씀 문구 앞에 서서 있었는데 그 말씀구절을 아마도 수번은 읽었으리라고 본다. 그렇게 돌아가고 2주일이 지나고 드디어 새시시공업자의 증인 출두 명령과 통장거래 확인절차가 이루어졌다. 그렇게 확인해달라고 여러 번 글을 올려도 실행하지 않았던 것이었다. 느낌에 시편의 복 있는 사람이란 말씀을 보고 판사가 더욱 정직해지지 않았나 싶다. 법정에서 증인을 세우는 날 새벽기도를 하면서 하나님

"시공업자 저사람 거짓말 못하게 해주세요."

라고 간절히 기도를 올리는데 똑똑한 환상으로 너무 또렷한 무대 위의 연극처럼, 예수님께서 건축주의 빰을

"철썩! 철썩!"

때리니 풀석, 풀석 주저앉는 모습을 여러 번 같은 방법을 보여 주셨다. 너무 신기한 환상을 보고 아주 조심스럽게 법정에 갔는데 증인으로 온 새시시공업자의 눈을 쳐다보며

"거짓말 하지마라."

는 메시지를 담아 똑똑히 쳐다봤다. 새시시공업자는 내 눈을 피하며 선서를 마치고 자리에 앉았다. 재판관님은 질의하셨다

"증인은 원고를 예전에 아는 사람인가요."

"모르는 사람입니다."

"그럼 새시시공 견적은 어디서 받았나요."

물을 때 증인은 자신도 모르게

"견적은 분양 사무실에서 받았습니다."

라고 진실을 분명하게 말하고 있었다. 그리고는 통장거래 내역에 건축주의 이름으로 증인 시공업자에게 시기와 날짜가 일치되는 돈 입금 거래 내역을 스크린에 비추면서 이건 무슨 거래냐고 하니까 그제사 거짓말을 해야 하는 생각을 났던지 그것은 다른 공사대금이다. 원고에게 현금을 받고 새시 시공하게 되었다는 등 횡설수설 말을 덧붙이고 있었다. 그들은 건축주와 거짓말 조장 연습을 많이 하고 왔을 것이다. 그러나 재판관의 질의 내용을 몰랐으니 시공견적은 건축주 측과 했다는 진실을 밝히고 말았다. 증인을 통해 건축주가 새시의뢰를 했다는 것과 통장내역의 증거가 명백하게 드러나고 말았다.

건축주는 처음에 집을 분양하기 전 건물 허가를 낸 후에 도면을 무시하고 불법 벽을 세우고 테라스난간에 보일러와 세탁실을 하고 실내 방을 하나 더 만들어서 이익을 챙기고도 입주자 우리에게 불법의 죄를 씌워 벌금을 내게 하려고 3년을 끝까지 거짓말을 하였다. 그러고도 또 거짓말을 새로 포장하여 항

소를 하였다. 우리를 맡은 변호사는 국선이었고 잠시 공익으로 근무하는 청년들이지만 그쪽은 개인변호사를 앞세워 죽기 살기로 거짓말을 하였다. 결국 항소의 결과도 우리 집 승소였다. 이제야 재판관은 피고 건축주가 원고에게 새시 벌금과 소송과정에 들었던 금액 변호사비용까지 지불하라는 명령이 떨어졌다. 피고 건축주는 처음 타협하자는 비용보다 5배를 더 들어가고 2년이 넘도록 우리집 식구들에게 엄청난 상처를 입혔다.

그렇게 법정 싸움을 하는 동안 우리 집 새시설치에 유리하도록 국회에서 새로운 건축법도 생겨서 벌금을 내고도 불법으로 남을 건물이 합법 건축물로 허가를 받았다. 그리고 실내 면적도 한 평 반이 늘어났다. 그동안 길고 긴 파렴치한 건축주 장로와의 싸움을 보시면서 진실 편에서 성령님 밤낮으로 도우셨고 끝내는 건축주를 뺨을 때리는 것을 보여주셨다. 이번일로 인하여 세상의 비리가 무엇인지 그리고 너무나 많은 진실이 돈과 권력으로 묻히고 억울하게 피해를 보는 사람들이 많다는 것을 알게 되었다. 캄캄한 긴 터널을 지나고 아프고 성숙하는 아이처럼 세상이 눈에 보이기도 했다. 그 분은 세상은 거짓과 속임의 덫으로 안전하지 못함을 보여주신 것이다. 이런 과정을 통해서 나에게 세상물정 가르쳐 주시고 거짓을 미워하고 진실을 도우시는 행적을 전파하라는 많은 의미가 들어 있음을 깊이 깨달았다.

19. 선교 기행

태국의 산 아이들

내일은 태국 선교지로 떠날 예정이다. 아침부터 마음이 바쁘기 시작했다. 여행지에서 필요한 것을 대충 챙겨 놓고 출근을 했다. 경덕중학교 논술 반에서 학생들과 수업이 있는 날이다. 학생들에게 내일은 선교지로 여행을 간다고 말하며 가장 가고 싶고 보고 싶은 곳 찜하기를 토의 하자고 했다. 색다른 수업이자 여행이야기는 반응도 빠르게 활발하고 씩씩하게 발표를 하는 분위기가 되었다. 다음 수업시간에는 태국의 이모저모를 들려주마고 말했더니 갑자기

"얏호! 선생님 우리도 함께 가요!"

하며 박수를 쳤다. 일주일 2번 수업으로 만나는 학생들이지만 교실에 먼저 와서 나를 기다려주고 장난 끼 많은 남학생은

"선생님! 노처녀 맞죠."

스스럼없이 짓궂은 농담도 한다. 그러면서 고전과 세계명작을 읽고 토론한 후 본받고 반성하는 글을 쓰면서 성품도 바뀌어간다. 내 키보다 더 큰 여학생들은 생글 생글 웃으며 다가와 이야기 하는 태도가 벌써 우아하고 고상한 여인처럼 느껴지기

도 하여 마음이 잘 통하는 친구 같은 느낌도 있다. 수업 시간에 장난 끼로 시선을 끄는 귀염둥이 남학생은 퇴근길에 동행하기도 한다. 중학생이라 어리다고 생각했는데 속이 깊어서 대화가 척척이다. 저 아이들과 언제 함께 여행을 해도 좋겠다고 생각을 하며 집으로 왔다. 간단한 저녁을 먹고 빠진 것이 없는지 확인했다. 어느새 시간은 자정이다. 입고 갈 바지와 티셔츠는 거실소파에 나란히 걸쳐놓고 잠자리에 들었다. 비행기를 처음 타는 것도 아니면서 고소 공포증이 생기면서 두려움이 엄습해 오기도 했다. 일찍 일어나야 하기에 잠을 설쳤는데 괘종시계가 4시를 울렸다. 깜짝 놀라 일어났다. 함께 가실 목사님은 선교사님이 운영하는 센터에서 신학 대학원생들에게 강의를 하기로 되어 있다. 교회에서 약속시간은 5시 20분이다.

새벽은 뿌우연 안개속이다. 안개를 가르며 어딘가로 달리는 덤프트럭들은 우리차를 앞지르며 위험을 느끼게 했다. 8시쯤에 인천 공항에 도착했다. 동행친구는 벌써 도착하여 7번 게이트에서 기다리고 있었다. 우리는 반갑게 인사하고 여러 가지 출국절차를 밟았다.

비행기에 탑승하자 우리 일행의 좌석은 앞뒤의 배석으로 자리가 달랐다. 내 옆에는 8-9세 되는 남자 아이와 엄마가 앉았다. 미국인으로 보이는 그들은 아주 조용했다. 한창 개구쟁이 나이임에도 차분히 영문글로 된 동화책을 읽고 있었다. 책을 읽다 지루하면 조그만 게임기로 게임을 하고 간혹은 정면 영상

화면에 나오는 고양이들의 춤추는 광경을 보면서 얌전하게 앉아 있었다.

우리나라의 버스, 지하철, 식당 등에서 보는 아이들과는 아주 대조적이었다. 그 아이의 신사다운 행동에 높은 점수와 더불어 뭔가를 주고 싶었다. 마침 가방 속에 있는 쵸코렛이 생각나서 꺼내어 주었다. 그걸 본 어머니가 쌩큐!를 연발하면서 대화의 문을 열기 시작했다. 말을 알아들을 수 없음을 손으로 표시했더니 노트에다 적어주었다. 옆 아이의 이름은 '갱시'라는 것과 뒷좌석의 동생이름은 '니키'라고 했다. 그리고 내 이름을 적으라고 해서 적어주고 우리는 대화했다.

그녀의 질문으로는 대충으로 짐작해서 태국의 목적지가 어딘지 묻고 있었다. 마침 영상 화면에 태국도시를 설명하는 지도가 나오고 있어서 '치앙마이'라는 곳에 손가락으로 짚어 주었다. 그랬더니 그녀는 다른 도시에 손을 짚으며 아쉽다는 표정을 지었다. 그러는 사이 비행기는 태국공항에 도착했고 우리들은 각자 비행기에서 내리기 시작했다. 먼저 내린 우리 일행과 또 마주친 그들에게

"바이! 바이!"

라고 인사할 때 그새 서운하기도 했다.

우리들은 공항버스를 타고 국내선으로 갔다. 치앙마이로 가기위해서다. 시간이 충분함을 알고 우리들은 앉아서 쉬었다. 오랜만에 만난 친구는 그 동안의 신앙 체험을 재미있게 하여 크

게 웃다가 옆 좌석 여행객들이 혹시 코리아 시끄럽다고 흉볼까 봐 조심을 했다. 국내 시각 오후 3시30분쯤에 태국 국내선을 타고 한 시간 후에 치앙마이 공항에 도착했다. 약속대로 신동운 선교사 사모님이 차를 대기하고 우리를 기다리고 있었다. 인사를 나누고 차에 짐을 옮겨 실었다. 차가 움직이자 목사님께서

"저녁 식사는 하고 들어가죠."

"배고프세요?"

사모님의 반문에 순간 우리나라와 그리 멀지 않는 태국이지만 시차 차이를 금방 느낄 수 있었다. 그쪽 시간으로는 저녁때가 두어 시간 남아있었고 우리나라 시각으로는 저녁때가 되었다. 그런데다 우리들은 새벽부터 서둘러 먼 길을 오면서 기내의 간단한 점심 식사로는 시장케 하기에 충분했던 것이다.

식당 선별로 이곳저곳 살피다가 치앙마이에서 제일 크다는 '센츄라 에어포토 프라쟈' 백화점으로 갔다. 백화점 안은 우리나라 유명 백화점보다 넓어 보였다. 그러나 사람들도 그리 많지 않고 진열된 물건들이 세련되지 않음을 금방 알 수 있었다.

맨 위 꼭대기 층 식당으로 갔다. 나무로 장식된 실내는 조명으로 분위기를 살리고 이름 모르는 야채 과일들의 음식이 눈에 들어 왔다. 메뉴선정과 먹는 법을 사모님께 배우며 태국의 음식을 처음으로 먹기 시작했다. 야채가 많아서인지 향이 그리 많지 않고 비교적 거부반응이 없이 맛있게 먹었다. 특히 감자

를 랩으로 싸서 구운 것은 내 입에 꼭 맞았다. '이정도의 음식 문화라면 여행 중 무리는 없겠지.' 라는 생각을 했다.

식사를 마치고 차를 타고 '매아이 라후 선교센터'로 달렸다. 밖은 어두웠고 달리고 또 달렸다. 멀고 먼 기분이 들었다. 몸은 벌써 지치기 시작했다. 센터에 도착한 시간은 우리나라 시각으로 새벽1시를 가리키고 있었다. 대전에서 이곳까지 도착 소요 시간은 식사와 휴식 등으로 거의 20시간이 걸린 셈이다. 반겨주는 신동운 목사님과 또 한분의 목사님과 인사하고 우리들은 잠자리에 들었다.

더운 나라로 알고 온 이곳의 밤은 춥기만 했다. 준비되어 있던 침낭에 몸을 집어넣고 잠을 청했다. 피곤함을 생각하며 잠이 들어야 하는데 도무지 잠이 올 것 같지 않았다. 약간 습한 것 같은 침낭에선 알 수 없는 냄새가 나고 몸이 가렵기 시작했다. 옆 친구는 잠만 잘 잔다. 숨소리를 높였다 낮추었다 잘 자는 친구가 부럽기도 했다.

긴 새벽이 지나고 아침이 되었다. 옷을 갈아입다가 이곳은 여름이랬지 하며 반팔을 입고 숙소를 나왔다. 문밖에 섰던 신 목사님께서 인사와 함께 나를 보고

"씩씩하게 입으셨어요."

하셔도 처음에 무슨 말인지 몰랐다. 센터 길을 따라 나서서야 이유를 알 수 있었다, 모두 긴팔 잠바에 두꺼워 보이는 옷을 입고 있었다. 기온은 우리나라 초겨울 날씨였다. 태국은 더

운 나라이지만 북쪽에 가까운 이곳은 아침저녁이 춥다는 것이었다. 예배실과 숙소, 강의실 등을 둘러보았다. 정원에는 추위 속에서도 나무마다 흐드러지게 핀 꽃들이 아름다웠다. 이국의 색다른 풍경이 어색 했지만 꽃향기에 젖어 보는 아침이었다. 주방에는 박 사모님과 도우미 두 선생님이 아침식사 준비를 하고 있었다.

"뭐 도울 것 없어요."

했더니 이미 준비는 끝났다고 했다. 식탁에 둘러앉은 식구는 모두 아홉 명으로 각자 맡은 일이 다양하다고 했다. 하나님은 낯선 이곳에서도 우리들에게 아침 식사를 제공하심에 감사했다.

오전 시간에는 우리목사님이 학생들과 공부하는 교실로 갔다. 우리말로 강의하는 목사님의 말을 태국어로 통역하는 분이 있었다. 새로운 강의실과 여러 학생들의 공부하는 모습이 새삼스럽고 은혜가 되었다. 친구와 나는 신 목사님의 차를 타고 낯선 산길로 접어들었다. 울퉁불퉁 튀어나온 곱지 않은 황톳길이 우리들의 몸을 마구 흔들었다. 돌도 바위도 없는 산길이 험하기만 했다. 차창 밖은 키 큰 갈대모습의 풀들이 막 피어 회색빛을 뽐내고 있다. 손을 흔들며 우리를 반기는 듯 했다. 햇빛과 조화를 이룬 들풀들이 너무 곱고 이뻐 한 아름 꺾고 싶은 욕심이 생겼다. 무수히 많은 낯선 나무 잎들이 다가왔다 멀어지는 산골짜기를 한참 올라왔다. 싱그러운 공기가 코끝과 몸을 감싸는 산기슭의 약간의 평지에 차를 세웠다.

매해 마을이라고 하였다. 띄엄띄엄 원두막처럼 보이는 집들이 보였다. 동네 아이들이 많이 모여 있었다. 새까만 얼굴에 두 눈만 반짝이고 걸친 옷은 볼품없었다.

목사님이 어느 청년과 대화를 한 뒤 우리들을 집으로 안내했다. 원두막 사다리 같은 다리를 올라 움집 속으로 들어갔다. 방 안에는 사진으로만 보던 모닥불에 냄비가 올려져 있었다. 모닥불은 음식을 익히기도 하고 밤에 추위를 몰아내기도 한다고 한다. 그 광경을 보면서 먼 과거의 이야기 신석기시대의 모습이 아닌가 하는 생각을 했다. 잠깐 머물렀다 나온 우리들은 태국 골짜기에서 잘 볼 수 없는 건물 신축 장소로 갔다.

사람들이 한창 일하는 곳이었다. 이곳은 한국의 어느 권사님의 후원을 받아 선교센터를 짓고 계신다고 했다. 우리나라 돈 오백만원으로 지으신다고 하셨다. 그리 많은 돈이 들지 않고도 이 골짜기의 영혼들을 소생시킬 수 있다는 생각에 감사했다. 그러나 밝지 않은 동네 아이들의 얼굴이 앞을 가리고 열악한 환경인 줄도 모르고 살고 있으니 가슴이 저려 왔지만 우리들은 발걸음을 돌렸다.

"저들에게 하나님의 은혜가 늘 끊이지 않게 하소서."

산을 내려왔다. 아침식사 때 모였던 식구 모두 점심을 함께 하기로 했다. 모이기로한 장소로 향했다. 도우미선생님 두 사람과 우리목사님, 선교사님은 미리와 계셨다. 물 빛깔은 곱지 않아도 옆으로 강물이 흐르는 강가에 위치한 식당이다. 건물의 형태로는 고전적인 분위기에 창문이 없이 오픈 돼 있는 게 특색이다. 겨울이 없는 고장에서만 볼 수 있는 건물 형태랄까, 양옆 앞뒤가 확 트인 식당은 기분을 좋게 했다.

식사 주문을 미리 해둔 터에 이야기하며 기다리는데 음식 냄새가 나기 시작했다. 처음에는 조금 거슬리기 시작하더니 나중에는 머리까지 살살 아파왔다. 지금부터 식사와의 전쟁이구나 하며 태연해 지려고 했다. 밥으로 나오는 쌀의 모양이 길죽하게 생긴 것이 기름기 없이 푸석푸석하였다. 조금씩 먹으면서 한 끼 넘어가겠지 했더니 국물 맛을 보려는 순간 욱! 하고 토할 뻔 했다. 체면을 무릎 쓰고 차에 준비해간 멸치 고추장으로 속을 안정 시켰다.

저녁나절에는 스케줄대로 산마을에 가기로 되어있다. 센터 손님맞이가 늦어져서 조금 늦게 우리들은 출발했다. 오전의 산길과 다른 도로를 달리는 차는 높은 산을 넘었다. 위로 올려다 보니 한국의 하늘과 다를 바 없는 파아란 바탕의 흰 구름은 푸른 산들과 어우러져 장관을 이루었다. 나도 모르게

"목사님 이곳은 하나님이 축복한 땅으로 보여요, 너무 아름다워요. 앞 뒤를 둘러보아도 산에는 묘지하나 보이지 않네요. 그저 푸른 숲만 골짜기를 메우고 평온해 보이기만 하네요.

아까 매해마을 아이들 눈 속에 아무 욕심이 없는 자연의 사람으로 보였거든요. 그래서인지 여기가 때 묻지 않은 천국으로

보여요."

"네, 그렇게 보였다니 다행입니다. 그러나 보이는 것만이 전부가 아닌 곳이 이곳입니다. 순수해보이기만 하는 아이들에게 거짓과 도둑질과 음란이 문제이지요. 산마을 학교에서 일어나는 여러 가지 문제들로 인해 많은 어려움을 겪고 있어요. 조혼의 습성에서 오는 음란이 가장 문제이기도 하구요. 그 아이들의 부모와 대화가 소통되지 않아 어렵기도 하구요."

산마을 구석구석에 태국 국적도 없이 버려진 아이들을 데려다가 초등학교 과정을 가르치고 먹이고 입히고 하시면서 겪는 애로사항이 있음을 몰랐다. 듣고 보니 잠시 겉모습의 환상에만 젖어들어 이곳의 상황을 감지 못한 내가 부끄러웠다. 대화는 끊기고 한참을 달렸다. 어느새 해가 지기 시작하는데 어느 근사한 건물 앞에다 차를 세우신 목사님께서

"저녁식사를 하고 갑시다."

하시면서 우리들을 안내했다. 스케줄에는 산마을 아이들과 함께 저녁을 먹기로 되어 있었다. 점심식사 때 보인 내 반응에 목사님의 배려가 아닌가 하는 생각이 들어서 송구한 마음이 들었다. 안으로 들어가니 넓은 홀과 정돈된 식탁에 아무도 없었다. 아직 저녁식사 때가 이른 탓에 오픈하지 않는다는 것이다. 우리들은 뜰로 나와서 작은 건물에서 파는 음식을 먹기로 하였다. 옆으로 강물이 흐르고 탁자와 벤치가 준비되어 있었다. 마침 뉘엿뉘엿 넘어가는 해가 노을빛으로 변해서 강변을 황홀한

무대로 바꾸어 주었다. 내가 감상적이라는 걸 아시는 하나님은 좋은 풍경을 보여주시고 계셨다. 이 건물의 이름은

'림꼬 리조트' 강의 이름은 '꼭강!'

이라고 했다. 우리들은 강의 이름이 특이하고 재밌다. 그럴싸한 전설이 있을꺼야. 칠월칠석날 견우직녀가 만나는 전설처럼 애절하게 사랑하는 두 남녀가 아무도 몰래 꼭 만나자는 약속의 강변일거야 그래서 어떻게 되었을까, 해피엔딩이겠지 상상하며 우리들은 식사를 했다. 선교지에서 이런 멋진 강변을 보고 리조트 뜰에는 넓은 수영장이 있었다. 수영하며 하루를 푹 쉬었으면 좋겠다고 생각했다. 사람은 환경의 지배를 받는다더니 분위기에 매료되어 선교지 탐방 중임을 잊어버릴 뻔 하기에 족한 분위기였다.

"멋쟁이 하나님! 멋지고 좋은 강변의 시간을 주셔서 감사합니다."

'루암밋 어린이 센터' 산마을 학교에의 도착은 저녁 늦은 태국시간 8시쯤이었다. 연락받은 문 선교사님과 강 선생님은 안 오는 줄 알았다며 반가이 맞아주었다. 잠시 인사와 이야기를 나눈 뒤 수요예배를 드렸다. 이 학교가 키워 낸 여전도사님이 예배 인도를 하고 팔십 명의 아이들이 성경을 읽고 찬양을 했다. 알 수 없는 태국어로 성경을 읽고 찬양을 했지만 곡조와 글 읽는 소리는 은혜가 되었다. 예배를 마친 후 아이들과 악수하고 숙소로 돌아와 과일과 차를 마셨다.

목사님 말씀으로 내일은 태국의 최북단까지 간다고 하셨다. 오늘도 멀고도 먼 길을 차를 탔는데 내일은 더 멀리 간다는 말에 겁이 더럭 났다. 그렇잖아도 낮부터 몸은 쉬기를 원했는데 내일의 강행군은 나를 두렵게 했다. 한 템포를 늦추었으면 하는 생각을 친구에게 말했다가 일언지하에 딱지를 맞았다. 하는 수 없이 강행군을 각오했다.

숙소는 아이들이 자는 방 하나를 비워 준비해 간 침낭에 몸을 담았다. 어제 밤도 꼬박 잠을 못 잤는데 잠이 통 오질 않았다. 아이들 특유의 냄새가 방구석 구석과 담요에서 찐하게 났다. 나무로 된 건물에서는 삐걱거리는 소리와 이상한 소리들이 들렸다. 친구는 조금 뒤척이더니 잠깐사이 잠들어 버렸다. 바람소리가 웅성거리는 듯 들려왔다. 무서워서 몸을 옆으로 웅크리는데 바깥의 불빛이 문틈으로 들어왔다. 갸날픈 불빛이지만 콧등을 만지며 친구가 되어 주었다. 잠은 원수같이 달아나고 몸이 쑤시고 아파왔다. 하는 수 없이 일어나 앉아서 기도를 했다.

"하나님! 은혜로 주신 여행 기간을 무사히 보내게 해 주세요. 그리고 우리 모두 하나 되게 해 주시고 내일은 또 하나의 열매를 맺게 하소서."

나는 낯선 태국 땅에서의 약점이 음식보다 더 열악한 건 잠자리라는 걸 알았다.

닭이 홰를 치며 우는 소리와 함께 새벽이 오고 날이 밝았다. 아이들이 마당을 쓸고 식당에서 밥을 짓고 아침을 여는 시간이 활기가 있었다. 내가 할 일이 없나 하고 식당 주변을 두리번거려보니 이미 커다란 밥솥의 뚜껑이 열렸다.

문 선교사님이 웃는 얼굴로 다가와서

"집사님, 아침 일은 도시락밥을 퍼는 일이에요."

하시면서 바가지를 쥐어 주셨다. 바가지로 밥을 퍼보기는 처음이었다. 익숙지 않는 손이지만 정성을 다해 도시락 하나하나를 채워나갔다. 어느새 팔십 개의 도시락이 줄을 섰다. 큰 밥솥을 다 비우니 마지막 누룽지가 노릇하게 익어있었다. 조금 떼어 먹어보니 우리나라 누룽지와 맛이 비슷했다.

"누룽지 맛은 일품이다."

하며 친구에게 주었더니 역시 같은 느낌이란다. 도시락을 기다리던 아이에게도 한 조각 주었더니 먹지 않았다.

"이곳 아이들은 누룽지를 안 먹나봐."

하고 돌아서보니 그 누룽지를 도시락 하나하나 위에 조금씩 놓고 있음을 보았다. 에그그!... 누룽지 한 조각도 혼자 먹지 않음을 알게 했다. 우리들은 식사 후 그릇이라도 씻을까 하고 준비된 마음으로 기다렸다. 아이들은 자기 밥그릇은 일일이 씻어놓고 학교로 갔다. 자기 할일은 똑 소리 나게 해내는 잘 훈련된 아이들이 감동을 주었다. 별 도울 일이 없는 아침을 보내고 우리는 최북단으로 향했다. 읍내와 시골을 번갈아 뒤로하며 목적지에 도착했다.

메콩강을 가운데로 라오스, 미얀마가 한눈에 보이고 우리가 있는 강가는 태국 땅이라고 했다. 하나님이 지으신 땅을 사람들이 네 것 내 것을 만들어 이름 지어진 것에 묘한 기분을 들게 하는 곳이었다. 길가엔 커다란 부처가 버젓이 숭배되어 있고 상점엔 유난히 진주로 된 악세서리가 많이 있었다. 이것저것 구경하는 우리들에게 목사님이 목걸이 하나씩을 사 주셨다. 답으로 사모님 걸 사겠노라는 데도 굳이 사양하셨다.

점심을 먹기 위해 들어간 식당은 제법 근사해 보였다. 다양한 음식들은 아름답게 모양내어 즐비한 뷔페식인데도 독특한 향이 비위에 그슬려 입맛이 당기지 않았다. 친구는 여기서도 가리지 않고 잘 먹었다. 나는 이것저것 조금 손대보다가 결국은 모닝 식빵을 자르고 야채샐러드와 토마토를 넣어 먹었다. 그것은 제 맛이 났다. 빵 맛 만큼은 국경을 초월한다는 걸 알았다. 점심을 먹고 차를 타고 센터로 돌아오는 중이었다. 차 안에서 갑자기 배가 뒤틀리고 아프면서 현기증이 나기 시작했다.

"목사님 어떡해요."

했더니 길가에 차를 세웠다. 친구가 등과 팔을 두드리는 응급처치를 했음에도 개운하지가 않았다. 할 수없이 차 뒤쪽 짐 싣는 칸에 엎드렸다. 잠을 잤던지 센터에 도착해 있었다. 잠시 방에서 쉬었다. 또 봉고차를 탄다는 게 끔찍했지만 나이트 바자를 꼭 봐야한다는 친구의 성화에 하는 할 수없이 일어났다.

치앙마이에 도착하자 사모님이 차를 가지고 아이들과 나와 있었다.

우리들이 무엇인데 오는 날부터 이렇게 곳곳에 저희들을 안내하시다니 고맙고 미안하기도 했다.

거리에는 온통 사람들이 꽃바구니를 들고 들끓고 있었다. 이유를 물어본즉 내일이 태국의 명절이라 했다. 오늘 저녁은 저들이 들고 다니는 꽃바구니를 물에 띄우며 그 동안의 죄를 사하는 행사를 한다고 했다. 문화가 다르고 우상숭배의 나라인줄은 알았지만 저런 행사를 하고 있다는 것은 몰랐다. 진지해 보이기까지 하는 저들의 얼굴들을 보면서

"하나님 저들이 하는 일을 모르오니 용서하시고 속히 변화시켜주십시오."

빽빽이 늘어선 자동차가 거리를 메우고 우리들을 가두었다. 갑자기 하늘에서 빗방울이 우두둑 떨어졌다. 차창 밖을 내다보던 친구가

"이건 분명 불쌍히 여기는 하나님의 눈물인거야. "

"그래, 그런 것 같아 "

비와 자동차 행렬에 샌드위치가 된 우리들은 할 수 없이 '나이트바자'를 볼 수 없다는 결론을 내리고 겨우 차선을 바꾸어 빠져나왔다.

스케줄로는 선교사님 댁에 하루를 묵게 되어있었지만 나의 건강상태가 온전치 못하다는 이유로 온천장에 가겠노라 했다. 자동차로 40분 거리에 있다는 온천장으로 향했다. 불빛이 있는 거리려니 했는데 이미 어두워진 길목에는 가로등도 불빛도 보

이지 않았다. 깜깜한 도로는 우리들이 탄 자동차의 희미한 불빛 따라 울창한 숲들만 스쳐 지나갈 뿐이었다. 도로를 적시는 비와 어둠은 내심 무서워 오기 시작했다. 내가 공연히 온천장을 찾았나 싶어 여러 사람에게 미안하기까지 했다.

"어쩌죠? 이렇게 먼 줄 알았으면 안 오는 건데."

"이쯤 거리는 이곳에서는 아무것도 아니에요. 보통 두세 시간 거리에 일을 보러 다녀요."

태국의 지경 넓이가 우리나라 남한의 일곱 배 정도 된다는 설명을 덧붙이며 사모님은 태연해 보였다. 두려움 이라곤 전혀 없어 보이는 사모님의 얼굴을 보니 조금은 안심이 되었다. 자그마한 체구에 야무지게 생긴 모습이 하나님의 큰 그릇임을 느낄 수 있었다.

도착한 곳은 치앙마이 '룬 아룬 온천장' 이라고 했다. 여러 채의 집을 지나 안내된 문이 열렸다. 문을 열자 곰팡이 냄새가 코에 확 들어왔다. 온천장 이용수가 적다는 걸 금방 알 수 있었다. 실내를 둘러보니 고급을 흉내를 낸 거실과 침실, 욕탕에서 많은 문화의 차이를 느낄 수 있었다. 욕탕은 좁고 슬리퍼도 없을뿐더러 갈아입을 가운도 없었다. 이곳은 그래도 외국인들이 드나드는 온천장 일 텐데 시설이 너무 미흡했다. 짐을 풀고 욕탕에 물을 틀었다. 온천물이라 뜨겁게 생각했는데 콸콸 쏟아지는 물은 뜨겁지도 않았다. 온도 조절 없이 몸을 담글 수 있는 정도였다. 약간은 의아해 하면서 반신욕을 하다가 느낌이

다름을 알았다. 손끝에 닿는 피부가 유난히 매끄럽다는 느낌이 왔다.

내가 가장 잘 아는 '부산 동래 온천장' 물만큼 매끄럽고 좋았다. 조금 전 곰팡이 냄새와 칙칙해 보이는 침대로 인한 기분을 확 바꾸어 놓았다. 들어오자마자 침대에 누워버린 친구를 향해

"어머! 물이 아주 매끄럽다."

"이리 들어와서 목욕해봐. 빨리! 빨리!..."

소리 쳐도 친구는 꼼짝 않고 내일 아침에 샤워한다고 한다.

'너를 누가 말리나, 정승도 제하기 싫으면 그만이지.'

혼자 물을 실컷 뒤집어쓰고 한참을 놀다가 잠자리에 들었다.

아침 일찍 잠이 깨었다. 기분이 상쾌했다. 어제까지 몸이 무겁고 기분이 안 좋았는데 날아갈 듯이 몸이 개운했다. 어렵게 찾아왔지만 온천물 덕을 톡톡히 봤다는 걸 알았다. 정해진 시간에 식당으로 갔다. 간단한 스프와 빵을 먹고 일어서는데 일행인 듯한 여러 사람들이 보이고 그 중의 한 남자가 말을 걸었다.

"한국에서 왔나요."

"예, 그렇습니다만"

"그럼 여기에는 어쩐 일인가요."

"선교지를 둘러보는 여행 중입니다."

"아! 그렇습니까, 할렐루야! 반갑습니다. 우리도 선교지를 둘러보는 중입니다."

하면서 손을 내밀었다. 손을 맞잡고 악수하면서 서로를 소개했다. 십여 명이 넘는 일행은 모두 한국에서 온 감리교단의 목사님과 장로님 권사님 등으로 구성된 팀이었다. 강한 십자가 군병 들이었다. 그들은 다음 해에 필리핀 선교 여행을 갈 때 함께 가자는 제안을 했다. 전화번호를 나누고 앞뒤 생각도 없이 그러마고 대답했다. 돌아서려는데 밤 비행기로 입국한다는 그들은 함께 할 수 있으면 좋겠다고 덧붙였다. 우리도 그러기를 바란다고 답했다. 여행지에서 한국인 그것도 하나님의 사람들을 만난 것은 즐거운 일이다.

숙소로 돌아와 짐을 챙기고 비행장으로 향했다. 9시 15분 방콕행 비행기는 약속대로 맑은 하늘 위로 날개에 힘을 가하며 상륙했다. 유난히 청명한 하늘은 탑승한 우리 모두를 동화 속으로 끌고 갔다. 구름의 기교라기엔 믿기지 않는 열 두 폭포를 건너고 하얀 눈 덮인 겨울 동네에 이르기도 하고 어려움 없이 설화의 계곡을 넘고 넘어 맑은 호숫가에 놀고 있는 한 쌍의 백조도 보았다.

"오, 주님이시여! 당신의 솜씨는 참으로 훌륭하십니다. 구름을 흩어 놓아도 아름다운 작품이네요. 아무 재주 없는 저에게로 천만분의 일이라도 나누어 주시면 하얀 캠퍼스 위에 그림을 그리렵니다."

방콕 공항에 도착하자 약속대로 한국인 여자 집사가 목에 우리교회의 아름을 크게 써서 붙이고 서 있었다. 우리는 서로를 금방 알아보고 인사했다. 박 사모님의 사전 연락을 받은 오늘의 가이드 역할을 할 분이다. 쾌활한 성격으로 보이는 그녀는 자신을 임 집사라고 소개하고

"역시 우리나라 사람이 제일 이쁘고 멋있어."

공항의 각국 사람들을 만나지만 우리나라 사람만큼 멋있는 사람들이 없다며 우리를 하나 되게 하는 말을 했다. 그녀의 말 속엔 객지에서는 '고향 까마귀만 보아도 반갑다'는 말을 실감케 하는 말이 아닐까, 이곳은 가깝다면 가깝고 멀다면 먼 이국땅 태국이기에 또 무엇보다도 오늘 하루를 함께 하며 우리는 하나 되어야 되기 때문인지도 모른다.

이내 준비된 자가용은 우리들을 태우고 방콕 시내를 가로질렀다. 우리들은 태국의 용궁을 보기로 했다. 카스트레오에선 태국어 노래가 흘러나오고 우리 세 사람은 오래된 친구처럼 편하게 이야기를 나누었다.

높은 지붕에 연결된 칼날 같은 것들이 위엄을 느끼게 하는 왕궁 앞에 왔다. 왕궁 문 앞에는 사람들이 줄줄이 서서 입장하지 못하고 서성이고 있었다. 무슨 이윤가 했더니 오늘은 왕궁 안에 점심 만찬회를 하는 이유로 1시 이후에 왕궁을 개장한단다. 시계를 보니 아직 열한시라 우리들은 뒤돌아 나왔다. 임 집사님 말로는 이 왕실은 '왕의 형이 총에 피살된 이후로 왕은 이미 다른 곳으로 이사했고 왕궁 안은 덥기도 하지만 온갖 우상(불상)이 있고 특히 향을 태워 냄새가 고약하다고 했다.'

그 말을 듣고 우리는 왕궁의 흥미를 느끼지 못하고 강에 가서 배나 타자고 했다.

태국 수도를 가로지르는 ,차우프라야강,에 도착했다. 이를테면 우리나라 서울 중심을 흐르는 한강과 같은 태국 수도를 숨쉬게 하는 맥이라고 보면 될 것 같았다.

강 위에는 유람선들이 오고 가고 햇빛 가리개가 없는 앞 뒤 모양이 해상 스키 같은 작은 배들이 물살을 가르며 빠르게 달리고 있었다. 강 주변에는 외국인 몇 분들이 배를 기다릴 뿐 한산했다. 잠시 있으려니 우리들이 탈 배가 도착했다. 유람선이 아닌 해상스키처럼 생긴 배에 올랐다. 요렇게 작은 배에 몸을 실어보긴 처음이다. 금방 쏜살같이 달리는 배위로 물방울이 얼굴 위를 튀어 올랐다. 중심을 못 잡아 잠시 몸을 추스렸지만 이내 신나고 즐거웠다. 강변 물위에 지은 집들의 다양한 모습을 사진기에 담으며 강바람의 공기를 맘껏 들이켰다. 지나가는 배들의 사람들이 손을 흔들기에 답례로 손을 흔들어 주었다. 우리들은 그저 스쳐지나가는 바람일 뿐인 인연들이지만 웃음과 즐거움을 교환하는 순간이었다. 얼마나 신선한 만남인가?

안녕! 그대들이여.. 이름 모르는 낯선이여 행복하여라..

강물위에서 화살처럼 지나가는 시간을 공유하는 사람들의 가슴에 엔돌핀을 하트에 꽂아 쏘아 올렸다.

강 위의 유람은 우리의 기분을 더욱 고조 시켰다. 뱃놀이의 아쉬움을 남긴 채 발걸음을 재촉하던 임 집사님이 대뜸

"우리 시간이 넉넉하니 발 맛 사지나 하러 가면 어떨까요?"

"그래 태국에 가면 발 맛 사지는 한번 하고 오라고 하더라."

친구가 맞장구를 치자 순간 저마다 무슨 생각을 했던지 일제히 깔깔거리며 웃었다.

방콕 시내는 그리 넓지 않다는 걸 느낄 수 있었다. 그리 멀지 않는 조금은 뒷골목 비슷한 곳에 차를 세웠다. 문을 열고 들어간 우리들을 맞이하는 아가씨들이 있었다. 안내된 우리들은 시키는 대로 신발을 벗었다. 대야에 물을 담아 와서 발을 씻어 주었다. 엘리베이터도 없는 계단을 올라 5층 방으로 안내되었다. 셋이나 되니 마음이 놓이지 나 혼자 같으면 도망가고 싶었다. 뭔지 모르게 밀폐된 것 같은 기분이 찜찜했기 때문이다. 매트가 준비된 방에 와서 가운을 갈아입고 셋은 나란히 누웠다. 따라왔던 아가씨들이 번호표대로 발을 만지기 시작했다. 발바닥을 지압할 때 잠깐 잠이 들었다가 정신이 번쩍 들었다. 처음엔 발만 하는 줄 알았는데 온 전신의 근육을 풀고 있었다. 정신이 몽롱해지는 순간 산마을의 아이들이 생각났다. 센터에서 만난 그런 아이들이 자라서 이런 곳에 온건 아닐까? 하는 생각을 했다.

산 곳곳에 태국 국적도 없이 살아가는 사람들의 자녀들이 배우지도, 제대로 먹지도 못한 채 자라서 이런 곳에서 일을 한다면 너무 가혹 하다는 생각이 들었다. 어떤 과정으로 이일을 하는지 궁금해서 그 아가씨에게 말을 건넸다. 하지만 태국어를 알아들을 수가 없고 한국어를 모르는 그녀와의 대화가 단절되고 말았다. 대화의 벽이 갑갑하기만 했다. 아무튼 내 추측으로 그녀들이 안쓰러워 보였다.

"하나님! 우상숭배의 나라 태국이지만 불쌍히 여기시고 내가 만난 매해마을 아이들과 산마을 학교 학생들에게 하나님 말씀을 배우고 공부하여 리더로 자라게 하소서. 그리하여 이 나라의 전도사로 세계 각국의 선교사로 배출되게 하소서!"

우리들은 스케줄대로 '타이랜드'라는 쇼핑센터로 갔다. 갖가지 각국나라의 상표들이 비싼 것에서부터 싼 것까지 사람들을 유혹했다. 쇼핑이 목적이 아니어서 둘러보는 시간이지만 맘에 꼭 드는 향수병에 손이 가다가 멈추었다. 조금 전 그 앳띠 보이던 얼굴이 떠올랐다. 돈을 벌려고 한창 공부해야 할 나이의 소녀들이 온몸의 힘을 다해 애쓰지 않던가. 그런 저런 생각으로 머리가 복잡하니 화려한 물건들도 눈길이 가지 않았다. 건성 건성으로 가게를 둘러보고 돌아서 나왔다.

시계를 들여다보던 임 집사님은 저녁식사 시간이 넉넉해서 여유롭다며 오늘 저녁은 아주 근사한 곳으로 안내한다고 했다. 아무리 좋은 음식도 태국향이 있으면 곤란하네요, 속으로 답하며 들어선 곳은 향이 전혀 없는 생선회에서부터 조개, 새우등 싱싱한 해물로 가득하였다. 이쪽에선 커다란 생선을 굽고 튀기고, 저쪽에선 불고기가 불 위에서 지글지글 한국의 고급호텔 뷔페에 버금가는 곳이었다. 즉석요리는 주문해놓고 이름도 모르는 맛있어 보이는 음식을 접시에 담아 날랐다. 이내 주문 요리도 도착하여 맛있게 먹고 있는데 식당 안에 흐르는 음악이 귀에 익어 있었다.

이승기의 신곡 '내 여자라니까' 조성모의 '너의 곁으로' 짠하게 들려왔다.

"웬일이야! 태국에서 우리나라 신곡이 나오네."

하며 주위를 둘러보니 식당 안은 붐비고 좌석에 앉은 모든 남녀들이 한국 사람들이었다.

"그래, 태국의 이 고급 식당에 온통 한국 사람들이니 정서를 맞추느라 음악도 우리 노래를 들려주는구나."

내말을 듣고 임 집사님이 이곳에 한국 사람들의 돈 쓰는 이야기를 했다. 골프 가방을 메고 넘어 온 사람들이 낮에는 운동을 하고 저녁엔 최고급 식당에서 밥을 먹고 술과 여자를 취한다는 것이다. 그 말을 들으며 주위 사람들을 한 번 더 둘러보았다. 많은 돈을 들고 와 펑펑 쓰고 돌아가는 저 사람들에게 하나님을 알게 하는 방법은 없을까? 저들은 이 세상 쾌락만을 위하여 먹고 마시고 춤추고 육신을 위해 살고 있다.

매아이의 선교센터에서는 500만원으로 산마을에 교회 건물을 하나 지을 수 있다고 했는데. 저 많은 사람들은 하루 저녁에 교회 몇 채 값을 아깝지 않게 쓴다. 부자가 천국에 들어가기란 낙타가 바늘귀로 들어가는 것보다 어렵다는 말씀을 모르는 사람들이다. 마음 같아선 바구니 하나 들고 좌석 마다 돌면서 하나님 사업에 필요한 돈을 거두고 싶었다. 아무리 선한 일에 쓴다고 해도 귓등으로 들을 사람들이다. 별 말을 잊은 채 우리는 후식으로 과일과 커피를 마시고 식당을 나왔다.

거리는 어두웠다. 공항으로 향했다. 하루를 꼬박 우리들을 태워주던 기사는 공항에 내려주고 돌아갔다. 말이 통하지 않는다고 차를 타고 다니면서 의식도 않은 채 우리들의 이야기로 떠들었는데 무슨 느낌을 받았을까? 사람 지나간 자리에는 향기가 있기 마련인데 ... 약속된 아홉시 반이 훌쩍 넘어서야 매아이 센터 강의를 모두 마치고 돌아오는 목사님을 만났다. 그 동안 강의 스케줄로 힘 들텐데 내색이 없이 환히 웃으니 미안 한 마음이다. 나보다 친구가 더 반가워하며 오늘 있었던 이야기를 줄줄이 들려주었다.

"목사님! 이문영 집사는 방콕 체질이에요. 어제까지 매아이 시골에서는 비실거리더니 오늘은 생생하다구요,"

선교지의 씩씩한 일꾼이 아니라고 꼬집는 것 같았다.

3일을 꼬박 강의하신 목사님은 피곤해 보이지도 않으셨다. 친구는 오늘을 보내며 있었던 일들이 재미있어 죽겠다며 하루라도 더 있다 가자고 한다. 아쉬움이 발걸음을 붙잡고 늘어진다. 우리는 다음에 또 오자며 마음을 달랬다. 입국 절차를 밟고 부탁받은 물건을 사신다고 면세점으로 향하는 목사님을 따라갔다. 값이 적당하다며 고르신 물건보다는 이왕 사시려면 좀 비싸더래도 모양이 이쁜 것으로 사시라고 했다. 그랬더니 판매원

아가씨가 나를 보고

"코리아 예뻐요!"

하더니 다른 볼일 보고 있는데 따라와서 어깨 두드리며 또 '코리아 예뻐요.' 하는 것이었다. 물건하나 팔고도 저런 아첨을 하는데 돈 많은 우리나라 사람들 외국에서 많이 쓰겠구나 하는 생각을 하였다. 공항로비에는 사람들이 북적거렸다.

혹시 아침에 만난 감리교단 그 분들이 있나하고 둘러보았다. 이 시간에 한국으로 간다던 그 들은 보이지 않았다. 많은 사람들은 밤늦은 시간 비행기를 기다리면서도 지쳐 보이지 않았다. 더구나 예정된 시간이 늦어지는 전광판 불빛을 보고도 불평의 소리는 들리지 않았다. 모두 여행의 기쁨을 만끽한 탓일까? 드디어 입국 행 비행기에 올랐다.

멀어지는 태국의 수도 방콕 도시의 불빛이 점점이 사라진다. 두 손을 흔들며 태국의 나라 방콕이여 안녕! 안녕!

그리고 치앙마이의 선교사님 내외분, 매 아이의 어린이들과 선생님들 모두모두 안녕! 안녕!

우리들의 무수한 아름다운 추억의 이야기가 아직 남았는데 어둠과 구름이 걷히고 하늘을 여는 아침 해가 활활 타올랐다.

- 2004년 초겨울

♬ 글을 맺는 말

문학을 전공하고 시나리오를 배웠지만 가정을 꾸리고 사회생활을 하면서 글을 멀리하고 살았다. 새해 말씀이 나를 깨우면서 그동안 미루었던 글을 쓰려고 했다. 일상의 소소한 이야기를 진심을 담아 자연스럽고 담백하게 쓰고 싶었다. 그러나 직장 일을 하면서 집중하기 어려웠고 구청의 주택과 1년의 사업계획을 중간에 그만두기도 힘들었다. 그런저런 이유로 지난 9월에 20여일을 휴가를 받아 글을 쓰기 시작했다.

그동안 글을 쓰고 싶었던 제목만 메모해 두었던 것을 밑그림의 땅에 씨앗을 뿌리고 새싹의 잎을 바람과 물과 공기를 불어넣어 자라게 하는 작업을 하기 시작했다. 농사를 짓는 농부는 달콤한 열매를 따기 위해 비바람을 맞아가며 수고하고 땀 흘리며 긴 시간을 기다려야 한다. 글쓰기도 또랑또랑 그냥 나오는 것이 아니래서 새벽부터 저녁까지 컴퓨터 키보드를 두드리며 3시간 5시간을 의자에서 일어나지도 않고 강행 작업을 하였다.

드디어 11월 20일쯤에 거의 구도가 잡혔다. 무엇보다 짧은 기간에 책을 한권 쓴다는 것은 책임이 따르지 않을 수 없다. 글을 쓰려면 무엇보다 집중해야하고 긴 시간이 필요한데 주위 환경도 따라야 한다. 그러나 이 한해는 성지순례의 여행으로 또 직장에서 크고 작은 일들이 있어 분주했고 오래된 가문과 집안의 큰 문제까지 겹치고 너무 많은 일이 생기므로 자꾸 미루어진 일이다. 그런 가운데 글을 쓰니 앉을 때마다 초고속으로 쓰도록 손과 마음을 다스려 준 것은 그 분의 손길과 보살핌의 덕분이고 약속이었다. 그러고 보면 나의 사명을 감당하지 못하도록 주위의 모든 문제가 일어나고 있었다. 그래도 그 많은 적들과의 전쟁터에서도 성령님의 강력한 역사로 한권의 책을 쓰도록 도와 주셨음을 느낀다. 이글을 쓰는 동안 모든 순간과 생각을 그 분이 도우셨고 작은 심부름꾼과 대필의 작업만 하였는데 '시와 수필로 묶은 뭉클한 이야기'로 태어난다.

어느새 사계절을 지나고 한해를 보내면서 무엇으로도 보답이 안 되는 열매를 듬뿍 받고 책의 생일 '출판 기념일' 을 준비하며 기다리고 있다.

또 덤으로 받은 선물..

'2014년 12월 서울시 공동주택 활성화 우수사례 경진대회'

에서 25개 구청 중에 3분야 우수사례, 공연, 전시로 뽑힌 곳은 중구청 주택과 한 곳 뿐이어서 이루어 질 수 없는 일의 성과를 은혜로 단비와 꽃물처럼 부어 주심을 보게 되었다.

이글의 모든 영광을 하나님께 올리며 감사를 드립니다.

□ 해설

그 분과 더불어 사는 아름다운 세상

- 이문영 님의 수필 『그분의 정원에 꽃이 피어』에 부쳐 -

홍 문 표

(문학박사 ·평론가 · 시인 · 전 오산대학 총장)

이문영 작가의 수필집 『그분의 정원에 꽃이 피어』 상재를 진심으로 축하하며 이 각박한 시대에 그 분과 더불어 밝고 따뜻한 세계를 소망하며 믿음과 사랑의 꽃밭을 가꿔가는 아름다운 이야기를 만날 수 있어 더 없이 행복한 마음이다.

인생에게는 누구나 이야기가 있다. 산전수전 다 겪으면서 사는 것이 인생이기에 저마다 기쁘고 슬픈 이야기가 있고, 밝고 어두운 이야기가 있다. 돌아보면 행복하고 아쉬운 이야기도 있고, 바라보면 한없이 기대되는 무지개빛깔의 설레이는 이야기도 있다. 그런데 문제는 그 많은 이야기를 마음에만 담아두는 벙어리 냉가슴이 되어버리는 경우가 있다. 할 말은 많은데 끝내 말을 못하고 사는 경우다. 그럴 때 인생은 더 답답하고 원망스러울 수가 있다.

그러한 감정을 우리는 한(恨)이라는 말로 표현한다. 물론 하고 싶은 말을 다할 수는 없다. 그래도 할 수만 있으면 숨겨진 이야기를 말하는 것이 그래도 한을 푸는 방법이다. 임금님 귀는 당나귀 귀라는 이야기가 그것이다. 당나귀 귀를 숨기고 사는 임금도 괴롭지만 그 비밀을 알고도 말 못하는 이발사도 괴롭다. 결국 이발사는 나무에 대고 말하니 살겠고, 임금도 차라리 그 사실이 알려지니 떳떳하다. 이렇게 할 말을 드러내야 한다. 더구나 이야기가 허접한 잡담이 아니라 진주 같은 이야기, 보석같이 값진 이야기라면 더더욱 다른 사람에게 이야기해야 하는 것이다. 인생의 길을 가다가 진리를 발견했다면 알려야 한다. 만일 말하지 않는다면 혼자만 차지하려는 이기주의다. 더구나 함정을 발견했다면 더욱 뒷사람에게 알려야 한다. 만일 알리지 않는다면 무서운 죄를 짓는 것이다.

문학이라는 무엇인가. 내 이야기를 남들에게 알리는 것이다. 내 이야기를 입으로만 알리는 것이 아니라 문장으로 알리는 것이다. 내 이야기를 보다 아름답고, 보다 감동적인 문장으로 알려서 보다 많은 사람들과 함께 슬퍼하고 함께 깨달아서 보다 아름다운 감동의 세상을 만들자는 것이 문학이고 문학하는 마음이다.

한 때는 문학을 웃고 즐기는 오락으로 생각했다. 물론 문학은 재미가 있어야 한다. 여기서 재미란 단지 시대는 웃음만이 아니다. 놀라움과 깨달음과 성숙함과 거듭남의 재미다. 그래서 요즘은 문학을 위안이라 하지 않고 마음을 치유하는 힐링 스토리(healing story)라고 한다. 그런데 문학은 마음만 치유하는 것이 아니라 육신도 건강해진다. 그래서 요즘 문학을 대체의학의 한 방법으로 생각하기에 이른 것이다.

또한 이야기 문학이라고 하면 우선 소설을 생각하게 된다. 물론 소설문학은 이야기 중심이다. 그러나 소설 이야기는 픽션

(fiction)이란 말처럼 사실의 이야기가 아니라 사실처럼 느끼도록 꾸민 이야기다. 작가의 상상력을 동원하여 개연성 있게 꾸민 이야기다. 그러나 수필은 꾸민 이야기가 아니라 작가가 체험하고 생각하고 느낀 점을 사실대로 기록하는 것이다. 그러기에 수필은 보다 진실하고 보다 진지하며 그러기에 더욱 생생한 감동이 있는 문학이 된다. 그러나 수필이 생생한 삶의 이야기라고 해서 신문기사나 보고문 같은 문장이 된다면 거기엔 감동이 없다. 적어도 이야기를 문학이라는 장르로 드러내는 것은 바로 그 생생한 이야기가 감동의 형식, 감동적인 문장으로 형상화 되어야만 하는 것이다. 거기에 일반인의 문장과 수필가의 문장이 구별되는 경계가 된다.

우리가 이문영 수필집 「그분의 정원에 꽃이 피어」에 주목하는 것도 바로 이러한 문학적 조건과 수필문학이 갖는 감동적 형식의 이야기가 되어 신선한 충격으로 우리 앞에 다가 오고 있기 때문이다. 이문영의 이번 수필집은 한마디로 자전적 에세이라고 할 수 있다. 탄생이 있고, 성장이 있고, 결혼, 가정, 직장, 사회가 있기 때문이다. 그야 누구의 문학작품도 자전적인 것이다. 문학은 인생의 거울이고, 인생의 반영이기 때문이다.

그러나 이문영의 자전적 에세이에는 남다른 주제가 있고, 문장이 있고, 인생이 있다. 그렇다면 이번 작품에서 보여주는 대주제는 무엇인가. 그것은 바로 책의 제목이 말해주는 그분의 정원에 꽃이 피어라는 것이다. 그분의 정원이란 그 분이 있는 정원이고, 그 분이 관리하는 정원이다. 여기서 그 분이 바로 그가 믿는 신앙의 대상인 하나님이라면 그분의 정원은 하나님의 은혜 안에 사는 그의 삶이 될 것이고, 그러한 삶이기에 그의 삶에는 늘 그분의 복된 꽃이 핀다.

따라서 이번 수필집의 기본 주제는 첫째로 그 분의 정원에 사는 존재의 자각이며 그러한 자각 위에서 수필이라는 문학적 이야기의 꽃을 피우게 된다. 그만큼 하나님과 더불어 사는 독실한 신앙이 그의 삶과 문학의 뿌리가 되고 있다.

그는 서문에서 "세상의 넓은 정원을 가꾸는 그분의 은혜가 대지에 꽃물처럼 내린다."고하였다. 그 중에 자신은 천지사방 지천의 꽃 중에 작은 들꽃 하나라고 했다. 그러기에 그 꽃물이 마르기전에 그 분의 각별하신 사랑과 함께 하심을 문장으로 말해야 할 소명을 깨닫게 되었다는 것이다. 주님은 먼저 그에게 예수를 믿게 했고 많은 시련 속에서도 특별한 환상을 보여 주셨고 마침내 선하게 인도해주셨으며 가족까지 인도하셔서 이제는 주안에서 복된 날들을 누리게 되었음을 감사하며 주님을 찬양하고 그 사랑을 실천하기를 다짐하면서 그는 「딸아, 너는」 이란 시를 통해 이렇게 고백하고 있다.

나무가 미련 없이 잎을 버리듯
더 홀가분하게
더 자연스럽게
나를 버렸습니다.

산에 들에 가슴에 꽂히는 비처럼
한 방울의 기쁨이 되고
한 줄기의 웃음이 되어

누군가에게
아름다운 추억으로 남을 수 있는

친구가 되라고 하셨습니다.

봄날에 날리는 민들레 꽃씨처럼
산이나 들의 옥토이면 좋겠지만
사람들이 오가는 돌담길 모퉁이어도
도시속의 시멘트바닥 일지라도

비집을 힘이야 먼 듯 가까운 듯
주시는 은혜로 엄청난 이 보배

기꺼이 감사로 꽃을 피우겠습니다.

-「딸아, 너는」에서

이처럼 그의 작품에는 늘 하나님과의 교감이 있고 감사가 있고 간증이 있고, 그래서 말씀 따라 살려고 하는 다짐이 있다.

두 번째로 이번 작품에서 보여주는 주제는 가족과 더불어 열심히 살고자 하는 현모양처의 지극함이 있다. 언덕위에 하얀집을 꿈꾸며 집안을 가꾸는 일이나 남편의 권위를 지켜주는 현명함이나 건강한 주부로서의 삶이 그렇거니와 특별히 자녀들에 대한 사랑이 남다르다. 아들의 건강을 지키고자 하나님께 매어달리는 그의 간절함은 정말 감동적이다.

셋째로는 자연과 더불어 사는 순수함이 있다. 그의 작품에는 많은 자연이 등장한다. 참새, 고양이, 산새가 있는가 하면 장미, 호박, 진달래, 원추리도 있고, 산야도 있고, 계절도 있다. 따라서 그의 자연은 거창하고 화려한 자연이 아니라 일상에서 접하는 극히 한국적인 자연이다. 그야 누구나 자연과 더불어 산다. 그러나 문제는 자연과 어느 정도의 관계를 유지하면서 사느냐가 중요하다. 「서울 참새」에 대한 다음과 같은 묘사가 있다.

> 눈은 동그랗고
> 귓 뒤의 하얀 털로 멋을 내고 목이나 가슴의 부드럽고 뽀얀 선은 갈색 날개와 조화롭게
> 머리는 제비처럼 크지도 작지도 않아 예쁜 것이
> 다리는 가볍게 살짝 살짝 뛰면서
> 입은 쫑긋 부리로 먹이를 쪼으며
> 포르르 포르르 날렵하고 눈치가 빠르고 소리에도 민첩하게 행동하여 세상에 많고 많은 새들 중에 소박하면서도 귀엽고 똑똑한 참새 그분의 휼륭한 작품이라는 생각을 해본다.
>
> –「서울참새」에서

누구나 지나치는 참새, 아니면 귀찮게 여길만한 참새지만 그는 참새에 대한 남다른 관심과 애정을 보인다. 그것은 모든 생명체에 대한 편견 없는 사랑에서 비롯된 것이지만 사실은 참새 한 마리도 그분의 훌륭한 작품이라는 신에 대한 창조적 가치를 믿는 확고한 신앙에 근거하고 있음을 알게 된다., 이러한 자세는 「이뿐이 호박」이라는 작품의 결말에서도 잘 보여준다.

> 이렇게 옛날 어디에서나 흔히 보이든 울타리의 호박처럼 남을 위해 대가 없이 주기도 하고 화목하게 지내며 배려하는 사람들로 변해가기를 바라는 것은 우리 사람들을 지으신 하나님 아버지의 뜻이기도 하다.
>
> –「이뿐이 호박」에서

작품 「원추리 꽃」을 보면 더욱 그의 자연사랑에 대한 진실을 발견하게 된다.

> 그 자리 외롭게 핀 원추리야! 곱게 피어 나를 사로잡은 원추리야! 산속에서 몰래몰래 화사하게 피었건만 보는 이 없어서 아까운 원추리야! 아무도 와주지 않아서 슬픈 원추리야! 기다림에 지쳐 있는 원추리야! 이름을 부르는 내 마음의 소리를 듣는 것처럼 함초롬하던 꽃술에 묻은 이슬방울이 기쁨으로 반짝거린다. 꽃술의 눈과 내 눈이 마주쳐 오래오래 마주 보았다. 꼭 껴안고 보듬고 우리는 그렇게 오래 떨어질 줄 몰랐다.
>
> -「원추리꽃」에서

남들이 좋아 하는 소위 명품 자연을 좋아하는 것은 누구나 할 수 있는 일이고, 세상 사람들이 자연을 좋아한다는 일반적인 방법이다. 작가의 자연사랑은 그렇게 명품 자연에 대한 예찬이 아니라 남들이 알아주지 않는 자연, 그래서 사람들의 시선밖에 숨어 있는 이름 없는 자연, 참새는 새 중에 명품이 아니고, 호박도, 원추리도, 그렇게 모두가 예찬하는 명품이 아니다. 그런데 작가는 그처럼 이름 없는 자연에서 오히려 소중한 가치와 아름다움을 발견하고 한없는 애정을 느낀다. 일곱 형제의 외동딸이라더니 너무너무 사랑을 많이 받고 자라서인가. 이처럼 작가에게는 자연에 대한 차별이 없다. 모든 생명체 모든 존재에 대한 그 나름의 가치와 의미를 인정하는 것이다. 이처럼 그에게 있어서 자연은 모두가 평등하다. 아니 외롭고 쓸쓸하고 외면당하고 있는 자연에 더 애정을 갖는 넉넉함과 치밀함이 있다.

이러한 자세는 그가 이웃과 더불어 살아가려는 그의 네 번째 주제에서 잘 드러나고 있다. 그의 작품에는 그 중심에 하나님이 있지만 구체적으로는 사랑하는 가족이 있고 자연이 있다. 더불어 살아야하는 이웃이 있다. 이웃이라면 정말 동네 이웃과 친구도 있고, 직장도 있고 교회도 있고, 사회현실도 있다. 인간은 이웃과 더불어 산다. 그렇다면 이러한 이웃과 어떻게 살 것인가. 그의 이웃에 대한 관심은 늘 남을 배려하는 마음이다. 솔선수범하는 것이다. 그러면서도 역시 낮은 곳에 더 애정을 갖는다. 그렇지만 정의로운 사회실현에고 확고한 신념을 갖는다.

그는 「서로 사랑하라」는 글에서 바쁜 출근시간에 지하철에서 떨어뜨린 소지품을 두 번이나 허리 굽혀 주워주는 젊은 청년의 시민정신을 잊지 못한다. 그런가하면 시장모퉁이에서 야채 몇 다발 놓고 판매하는 할머니를 소개한다. 풍성한 진열대보다 초라한 할머니의 야채와 인간에 더욱 애정을 갖는다. 「시장 할머니」의 마지막엔 이런 글귀로 끝을 맺는다.

> 그 할머니가 빨리 나아서 볼 수 있기를 바라고 바랬지만 영영 나오시지 않았다. 오늘도 그 할머니 앉았던 자리에 한참이나 서성였다. 바쁜 게 핑계가 되어 지나치고 기회를 잡지 못한 것이 마음이 아프다. 이글을 쓰면서 떠오르는 할머니가 그리워 눈시울이 뜨거워진다.
>
> -「시장 할머니」에서

"좋은 사람들"에서는 「산소같은 여자」「바다같은 언니」「보고싶은 친구」「꽃띠 권사님」「보석권사님」등이 등장하는데 모두가 서로 사랑하고 양보하고 헌신하는 정말 배려심이 많은 인품들만 부각된다. 바로 그가 꿈꾸는 이웃이고 세상이기 때문이다. 그는 인간사회도 들에 핀 꽃처럼 누가 알아주지 않아도 자신을 위해 최선을 다하는 삶을 기대한다. 들에 핀 꽃은 자신의 일을 거르지 않고 해마다 피고 지고 사람에게 기쁨을 준다. 사람들도 들에 핀 꽃처럼 남의 일을 방해하지 말며, 시기하지 않고, 자기 일에 만 충실하게 살수 는 없을까(「들에 핀 꽃처럼」에서) 이것은 자신이 그렇게- 살기 때문에 세상 사람들도 그렇게 살기를 바라는 것이다.

그러나 하나님과 더불어 가족과 더불어 이웃과 더불어, 보다 아름답고 살맛나는 세상을 만들자는 주제들이 참으로 지당한 주제요, 모두에게 소중한 화제라는 것을 인정하지만 문제는 이러한 주제들이 얼마나 문학작품으로 승화되었는가 하는 것이다. 세상에는 수필이라는 많은 문장들이 있다. 그런데 대부분의 수필들은 신변잡기, 자신의 평범한 경험들을 과장해서 말한다거나 자신의 성공담을 자랑삼아 나열하는 경우가 많다. 그래서 나는 수필가와 수필문학가를 구별해야 한다는 입장이나 수필가는 정말 붓 가는 대로 사소한 일상에서부터 자신의 생각들을 마치 보고문처럼 써대는 경우다. 문학작품은 기사문이나 보고문이 아니다. 문학의 생명은 일상의 관념이나 주제를 정말 감동적으로 독자에게 전하는 예술적인 양식이다. 따라서 감동적인 문학이 아니고는 문학이라고 할 수가 없는 것이다. 그것은 수필도 그렇다. 그러기에 수필이 문학이 되려면 수필문학작품이 되어야 한다. 이를 달리는 문학성이라고 한다.

그렇다면 감동적인 문장이니 문학성 있는 수필의 조건은 무엇인가. 그것은 우선 작가라면 일상적인 사물의 내면을 발견하는 줄 알아야 한다. 일상적이고 상식적인 사물의 판단은 누구나 할 수 있는 일이다. 작가는 그 일상의 상식을 깨고 그 내면에 숨어 있는 존재의 새로운 진실을 찾아야 한다. 그러기 위해서는 일반인들과 다른 내면을 투시하는 시력이 있어야 한다. 그리고는 그 내면에서 찾은 진주를 독자에게 알려야하는데 여기서 알리는 방법에는 설명하는 방법과 보여주는 방법이 있다. 세상 사람들은 어떤 개념을 독자들에게 논리적으로 잘 설명하는 것을 최고의 전달력이라고 생각한다. 그러나 문인은 예술가는 어떤 개념을 논리적으로 이해시키는 것이 아니라 상상력을 구사하여 보여주고 느끼도록 감성에 호소하는 것이다. 이는 머리에 전하는 것이 아니라 가슴에 호소하여 감동하게 하는 것이란 말이기도 하다. 우리가 문학을 사랑하고, 문학가를 존경하는 이유가 여기에 있다.

그렇다면 이문영 수필에서 그 감동적인 문학성은 얼마나 확보되었는가. 얼마나 주제를 설명보다 묘사와 보여주기를 통하여 문학성을 실현하고 있는가를 확인하는 것이 이번 수필집의 문학적 가치를 판단하는 단서가 된다고 해야 할 것이다.

우선 이번 작품집은 제목부터가 문학적이다. 그분의 정원에 핀 꽃에서 정원은 그분이 만든 아름다운 세상을 메타포로 표현하고 있는 것이다. 이는 '은혜로운 하나님의 섭리'라는 관념적인 설명을 정원이니 꽃이니 하는 시각적 이미지로 보여주어 주제를 논리적으로 전달하는 설명의 어법이 아니라 관념적인 주제를 오히려 감각적인 감성으로 느끼게 하는 보여줌의 방식이라는 말이다.

다음의 문장도 그렇다. "교회를 다닌 지도 얼마 되지 않았고 예수님도 잘 알지도 못하는 걸음마 아이의 입술로 하나님을 부르기만 하였는데 은혜를 꽃물처럼 부어주신 것이다"(「은혜를 꽃물처럼」) 여기서 '은혜를 꽃물처럼'도 은혜가 진하고 풍성하게 내린다는 사실을 비유적으로 표현한 것인데 바로 은혜라는

관념이 꽃물이라는 시각적 사물어로 느끼게 한다. 다음 글을 보자

> 썰렁하고 잠잠하던 계곡 추운 겨울에 누가 와서 붓을 들고 그림을 그려 놓았다. 소나무 숲에 걸어놓은 화폭의 꽃동산처럼, 백일 된 아가의 해맑은 웃음처럼 맑고 예쁜 꽃송이 물오른 통통한 꽃 입술이 싱그럽다. 바람이 오가며 만지고 수줍다, 간지럽다, 부드러운 분홍빛 속살을 햇살에 드러낸다. 산등선 진달래꽃 연주가 산을 뽐낸다. 봄 동산 꽃 잔치 하늘도 좋아 따스한 햇살을 비춘다. 심술이 청솔모도 얌전하게 나무를 오른다. 화사하고 향긋한 향기에 매료된 산새들 짝을 지어 날아들고 살랑살랑 엉덩이 흔드는 나비가 온다. 꽃잎들은 웃음을 감추지 못하고 이마에 이마를 맞대고 누가 더 이쁘냐고 들리지 않는 꽃들의 이야기를 한다.
>
> 해마다 사월의 부활절과 맞물려 산에 산에는 진달래꽃이 핀다. 그분은 해마다 부활절을 기념하는 봄 행사로 20여일 동안 진달래 꽃 축제를 여는 것을 사람들은 알까 모를까.
>
> -「진달레 꽃」에서

이 글은 「진달레 꽃」 작품의 한 구절이다. 봄이 되면 온 산에 가득한 진달래를 본다. 이 장면을 유식한 사람들은 만화방창이니 꽃이 만개한 봄동산이니 하는 관념어를 사용할 것이다. 그러나 이 말이 무슨 뜻인지 의미는 알 수 있지만 시각으로 청각으로 촉각으로 느낄 수가 없는 것이다. 그런데 이 문장에서는 진달래 꽃이 온 산에 가득한 풍경화를 보는듯하다. 또한 이 봄의 기쁨을 즐기는 자연의 모습을 마치 오케스트라를

직접 듣고 보듯이 생생한 현장감이 있다. 이문영 수필의 문장은 이처럼 풍부한 묘사와 사물의 내면을 드러내는 메타포를 통하여 세련된 문학성을 확보하고 있다.

그런데 더욱 관심을 끄는 것은 그의 수필집은 일반적으로 수필이 그러하듯이 그냥 산문으로만 기술되지 않고 수필적인 경험들을 시를 통해서 더욱 정제된 문학성을 드러내고 있는 것이다. 모든 예술이 음악을 지향한다는 말이 있는데 모든 문학의 장르들은 마침내 시를 지향한다. 그만큼 시는 고도의 예술성과 내면성과 간결성을 요구하는 문학의 방식이다. 따라서 처음부터 산문적인 수필만을 쓴 사람이 시를 쓰기는 어려운 영역이다. 그런데 이문영 문학은 시에서부터 시작했다. 이미 시를 통해 고도의 문학성을 확보했기 때문에 그는 시가 있는 산문, 시가 있는 수필을 쓸 수 있는 것이다. 바로 이점이 이문영 수필의 또 다른 장점이기도 하다. 「진달래 꽃」이라는 수필 작품이 있다. 이 작품은 시와 산문이 잘 어우러져 시가 있는 수필, 시적 수필의 진수를 보이고 있는 것이다.

> 산에는 님이 있어 님이 있어
> 마음이 기쁘고 웃음이 난다
> 오늘은 얼굴에 연지 곤지 바르고
> 서둘러 가야지 님이 바삐 떠나기 전에
> 보고 지고 보고 지고 또 보고지고
> 사춘기 첫사랑처럼 진달래 마중을 간다.
>
> -「진달레 꽃」에서

이처럼 이문영 작가의『그분의 정원에 꽃이 피어』에는 바로 그분이 계시고 그분이 늘 가꾸시는 정원이기에 거기엔 언제나 은혜와 축복의 꽃이 핀다. 그분의 정원인 가정에도 산천에도 꽃이 핀다. 그의 인생에도 세상에도 사랑과 배려의 꽃이 핀다. 그의 수필과 시에도 아름답고 감동적인 말씀의 꽃이 핀다.

진실과 진심이 담긴 수필집인 만큼 앞으로 더욱 빛나는 발전의 세계를 기대하며 그분이 주신 문학적 달란트를 통해 시와 찬양으로 서로 화답하며 하나님 나라를 향해가는 보람되고 복된 날들이 되기를 기원한다.

이문영 수필집

그분의 정원에 꽃이 피어

2014년 12월 20일 초판 인쇄
2014년 12월 21일 초판 발행
2015년 5월 19일 초판 2쇄 인쇄
2015년 5월 20일 초판 2쇄 발행

지은이 이 문 영
펴낸이 신 용 호
펴낸곳 창조문학사

서울 서대문구 홍은동 397-26 동천아카데미 5층
등록번호 제1-263호
전화 374-9011, Fax 374-5217
공급처 한국출판협동조합 전화 716-5616~9

저자와 협의에 의해 인지를 생략합니다.
파본은 바꾸어 드립니다.

값 12,000원

ISBN 978-89-7734-374-0

표지그림 김선희
삽화그림 설경란